児童文学の冒険

飛ぶ教室

81

SPRING

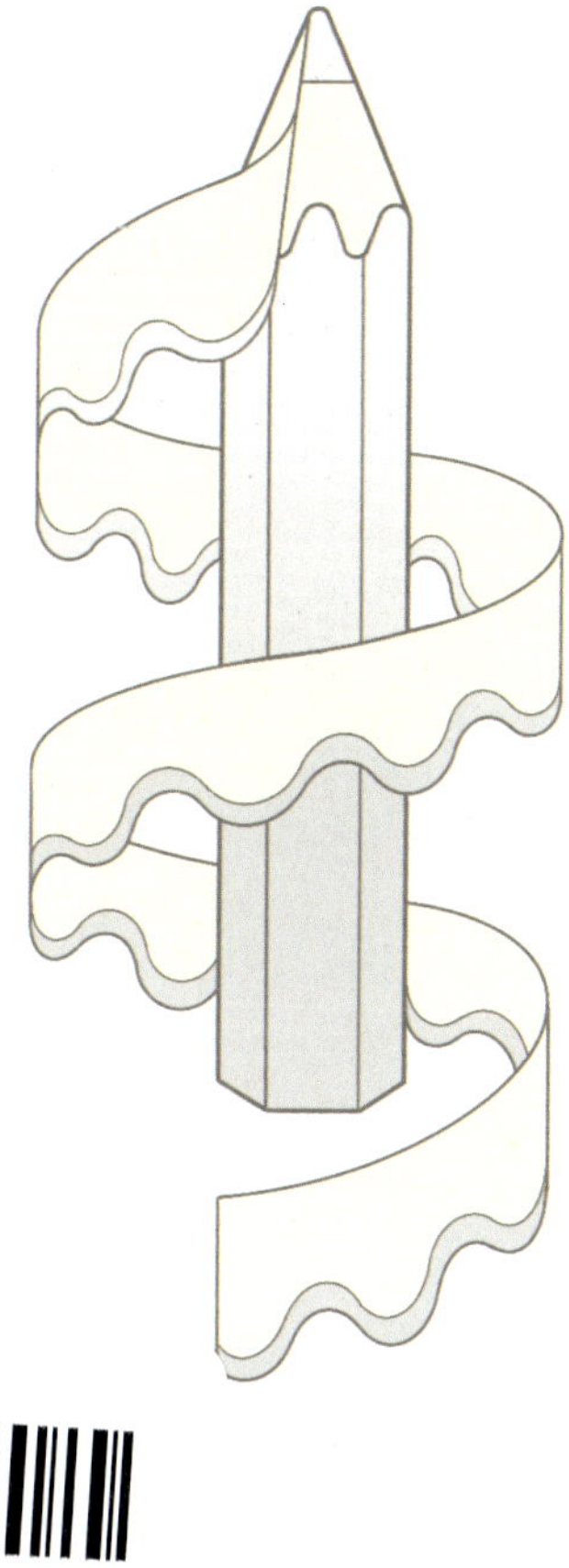

児童文学の冒険

飛ぶ教室

81
SPRING
2025

特集

日記にかくこと、かかないこと

アートディレクション
城所潤

デザイン
ジュン・キドコロ・デザイン

表紙・扉
春日井さゆり

かかないこと

絵　春日井さゆり

特集

日記にかくこと、

日記をかくとみえてくる、
自分のこと、明日のこと。
でも、かけないことだってあるんだよ。
これは、日記にかかれた、
かかれなかった、わたしだけの、あなただけの話。

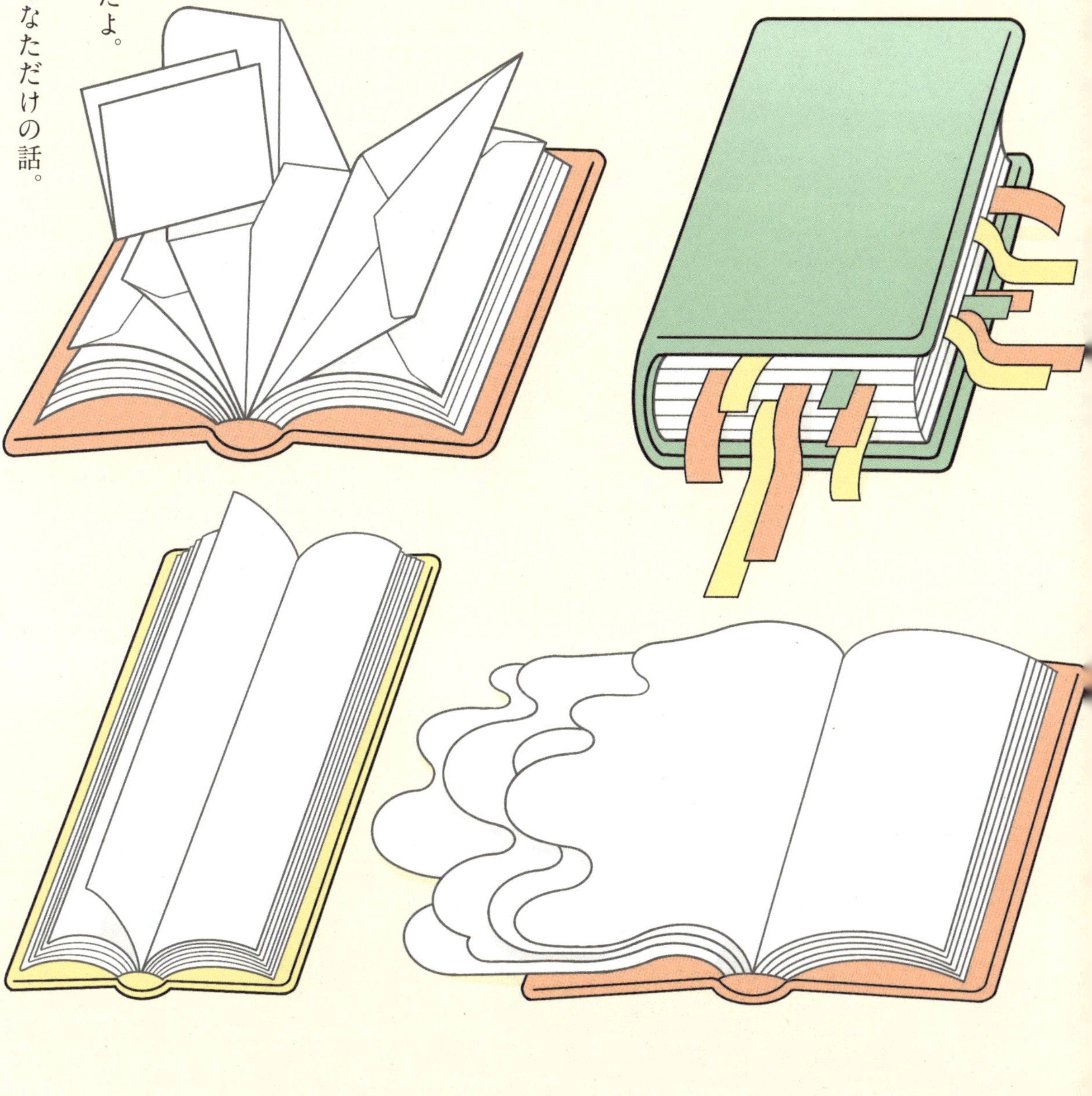

絵日記

はらぺこめがね

一月二十九日 ☀

今日は晩ごはんに天津飯を作りました。娘の最近のお気に入りです。「ごはん何にするの？」と娘に聞くと「てんしんはん！」と言ってくる日が、一週間に一度ぐらいやってきます。僕も子どもの頃から天津飯が大好きなので、リクエストを聞く時に、心の中で「天津飯来い、天津飯来い」と唱えることがあります。でもたまに、

「チャーハン!」と言ってくる時もあって僕の方から「天津飯どう?」と促してみても「きょうはチャーハン!」と言い返されて、ちょっぴり残念な気持ちになったりもします。結局のところ、天津飯を食べたいのは僕なのかもしれません。それに天津飯は簡単に作れるので忙しい時に、もってこいの一品です。それでいてとっても美味しいので一石二鳥、最高の食べ物なのです。

天津飯、それはまるで夕日に染まって黄金に輝く丘。今日も絶景。ごちそうさまでした。

絵日記

五十嵐大介

新緑の山道を
歩いていると
ウグイスの鳴き声
が聞こえてきた。
しかしあまりにも
大きく、クッキリ
ハッキリとした声
で鳴いている。
まるでお手本の
ようでかえって
リアリティがない。
そうか 近くのホテル
がBGM代わりに
鳥の鳴き声を流し
ているに違いない。
いい工夫かも…でも
環境に与える影響
は…?

なんて考え始めた
時、
羽ばたきの音と共
に小鳥が目の前の
枝に止まった。
そして私に向かって
大きな声で
クッキリハッキリ
鳴いたのだ。

ホーホケキョウ!

そしてすぐさま
飛び立っていった。
あの声の主に違い
なかった。
なんか…ごめんな
さい。

一九九九年四月盛岡

体育館の解体
ほぼ終わっていた。
重機ってなんか
恐竜ぽい。
二〇二五年一月鎌倉

絵日記

じゅえき太郎

どちくしょう!!!

十月十四日

僕はカマキリを探すのが苦手だった。

カマキリといえば草むらにいる、
というイメージで、
よく河川敷の草むらをやみくもに探した。
けどカマキリは見つからなかった。
そんなことが何度もつづいて、
自分はカマキリを見つけるのが苦手なのだ
と思い込んでいった。

そこで今日は、
カマキリの気持ちになってみた。
もし自分がカマキリだったら
どこにいるだろう？

エサとなる蝶とか蜂がたくさん
いるところにいるかなー…
とぶのもうまくないし…
移動スピードもそうはやくないから…
虫のあつまる花のうえで
まちぶせするかな…
だめだムリ!! ぜったいおいつかん!!
ハァ ハァ
まって～
おっ!! きたきた～!
ヤッター!!
ヒラ ヒラ
よし!! ちょっとさがしてみよう!!!

いつもの草むらではなく、
手入れが行き届いた公園の花壇を
探してみることにした。
その中でも特に蝶や蜂が
蜜を吸いに集まっている花に
注目してみる。

蝶を狙うオオカマキリのメスと
ガッチリ目が合った。

おもわず「うわ」っと声が出た！
自分がもしカマキリだったら？
と考えたピッタリの場所に
カマキリがいたのだ！

僕はおどろくと同時に
はじめて昆虫と意思疎通が
とれたようで嬉しかった。

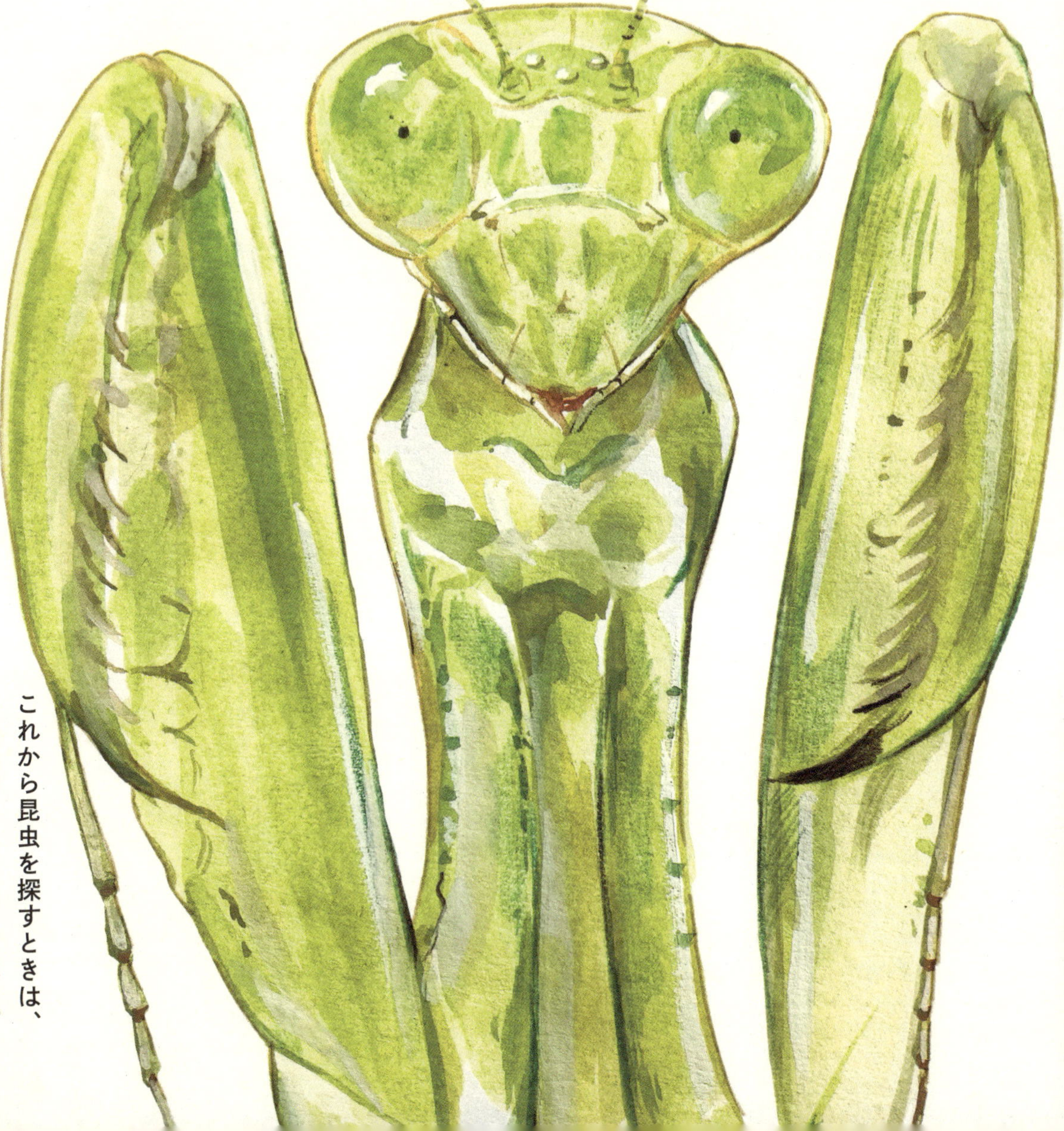

これから昆虫を探すときは、
虫の気持ちになろうと思う。

絵日記

三浦太郎

台南ダイアリー

2015年5月12日

台南にアーティスト・イン・レジデンスできる場所があるときいて来てみたが、まさか昔、日本軍が建てたという古民家だとは思わなかった。狭い部屋に、足がとどいてしまう小さなベッド。天井の梁にはネズミがいて、こちらをのぞいている。トイレとシャワーは共同。都会暮らしのぼくは、とてもここで二週間生活する自信がない。夜、一人では心細いが、隣の広くてエアコンのある部屋に台南大学の女子学生たちが滞在しているらしく、騒がしいのがむしろありがたい。

2015年5月16日

今日は洗濯デーと決めて自転車でコインランドリーへ向かったが、どうやら道に迷ってしまった。昨日、ゴゴくん*と昼食の帰りに寄った時はこんなに遠くなかったはずだ。検索しても出てくる店はクリーニング屋ばかりで、どうにも辿り着かない。どうしてマップにピンを打っておかなかったのかと悔やまれる。

とはいえ、そのおかげでスケッチにぴったりの風景をいくつか見つけることができたのはラッキーだ。結局、一度戻ってきいてみると、出てすぐ右に曲がるのを忘れていただけだった。

＊……宿泊施設にいる唯一片言の日本語が話せるスタッフ郭郭くん。

俳句日記

南十二国

1月18日（土）

爪だちて氷柱《つらら》を抱くごと恋す

1月19日（日）

雪国の夜景は胸に咲くごとし

2月11日（火）

ポタージュにふやけゐるパン春兆す

2月28日（金）

結露に描くにがほゑあはし二月逝く

3月2日（日）

なんども言ふまたねまばゆしたびら雪

時をとめるやうに抱き締めあふマフラー

3月5日（水）

はなれて住む日々のはじまり春の星

4月3日（木）

ぬれながらふぶくさくらに胸疼く

4月7日（月）

起きるとき小声でよしと言ふ四月

希呼の実験
長谷川まりる
絵・くまおり純

気持ちのいい、五月の下旬の日曜日。

フードコートでノートをひろげた希呼《きこ》は、思わずうめき声を出した。

「けっこう、でかいな……」

急に、やりたくないという気持ちで胸がいっぱいになってきた。このままノートを閉じて、家に帰っちゃおうか。こんな人目のあるところで書いていくんじゃなくて、寝る前にちゃちゃっと自分の部屋でやろうかな、などと、ものぐさ精神が首をもたげてくる。

それにしても、だ。

まさか自分が、自分から日記を書こうと思う日が来るなんて。

そもそも希呼は、文章を書く系の授業や宿題が大嫌いだ。作文はいつも書き終わらずに最後までぐずぐずしているタイプだし、小学校の卒業文集は改行しまくって、詩みたいなすかすかしたものを提出した。夏休みの絵日記は絵にぜんぶの力をそそぎこんで、言葉はひと言だけ、「楽しかった」とか「花火をした」ですませたくらいだ。

友だちとの交換日記も、手紙のやりとりも、イラストでごまかしたり、言い訳を作ったりして、いつもうまいこと逃げてきた。

それくらい、希呼は文章を書くのが苦手だ。

なのにいま、真っ白なノートを前に、がやがやしたフードコートでひとり、頭をかかえてものを「書こう」としている。それもこれも、希呼には深刻な悩みがあるからだ。

眠れない、とお母さんにはじめて言ったとき、「スマホばっかり見てるからでしょ」とにべもなく返された。

「寝る一時間前には、液晶を見るのやめなさい。そうすればすぐ寝られるから」

希呼はすなおな性格だ。すなおでまじめ。

だからお母さんの言ったこともすぐにトライした。

寝る前にスマホを見ないようにして、テレビも見ないでまっすぐベッドに向かう日をつづけた。お父さんが映画を観ようと言っても、お母さんが笑える動画があるよと言いだしても、就寝時間の一時間前どころか、三時間前には、もう見ないと言いはって、ちらりと目に映ることさえないように気をつけた。

けれど、いっこうに効果は出ず。

ベッドに横になっても、眠れない。

寝よう寝ようと思えば思うほど、これっぽっちも眠くならないのだ。

希呼はほかの方法もすべて試した。

夕方以降は部屋の電気を暗くしたり、寝る直前にあたたかいミルクを飲んでみたり。足首をあったためて、リラックスできる音楽をかけて、朝起きたら太陽を浴びるようにして。

ネットで検索して見つけた方法はあらかた試した。

それでも、やっぱりぜんぜん、眠れない。

眠れないというのは、人づてにきいて想像していたよりも、じっさい自分がなってみると、想像以上にきつかった。

毎晩のようにベッドの上で寝返りを打って、毛布をたぐりよせたり枕の位置を変えたりした。頭の中をからっぽにしようと、慣れない瞑想を試してみたりもする。けれど、ふと時計を見ると、夜中の三時になっていたりするのだ。

気がつくと朝になっていて、少しは眠れたのかなとは思うのだけれど、ぐっすり眠れた気がしない。そして学校に行くとぼうっとしてしまって、ろくに授業にも集中できず、先生に注意されてしまう。

希呼は困っていた。

本気でなんとかしたかった。

ネットで見つけた方法のうち、試していないのはこれが最後なのだ。

つまり、日記をつけること。

厳密には、日記というわけでもないらしい。Ａ３判のノート三ページにわたって、自分が思っていることをとにかくつらつら書きまくる、という方法だった。

外国の人が提唱した、自分の考えを明確にするための方法で、本当は眠るための方法論ではないらしい。ただ、これを試した人によると、夜眠れるようになった、らしいのだ。

どうやら、ノートにぜんぶ書き出すことで、頭の中の考えごとをアウトプットできるのがいいらしい。手書きで紙に書くことで、夜、ベッドの中でぐるぐる考えることがなくなるらしいのだ。

文章を書く、という苦手意識が先に立って、あとまわしにしつづけていた方法だけど、これ以上は先延ばしにできない。とにかく、希呼は夜、すっと眠りにつきたくてたまらなかった。

そこで希呼は、休みの日、家の近くのイオンモールに入っている百円ショップでノートを買ってきて、そのままフードコートに行ってノートをひらき、うめいたのだった。

これに、書くのか。

えぐっ。

「Ａ３って、めちゃくちゃでかいな……」

ちょっとこれは、想像以上だった。

いつも使っているノートよりも倍以上大きいし、罫線が入ったノートを選んだせいで、字をできるだけ大きくしてごまかす、という方法も使えない。

きまじめな希呼は、罫線を無視して大きめに書く、という方法には思い至らなかった。

希呼はちらりとあたりをうかがった。

フードコートには小さな子どもを連れたファミリーとか、ひとりで本を読みに来たおじいちゃんとか、ほかにもいろんな人がいる。だけど他人をじろじろ観察しているような人はいない。ノートパソコンをひらいて仕事をしているらしき人もいるし、参考書をひらいて勉強している高校生もいる。

家に帰ったら、どうせまた宿題やらごはんやらお風呂とかで、先延ばしにしてしまうにちがいない。それに、人に見せる文章を書くわけじゃないんだから。

希呼は覚悟を決めた。

カチカチとシャーペンのおしりをノックして、日付を書く。

さて、なにを書こう。と思った瞬間に、そうだった、と思い出して、こう書いた。

〈さて、なにを書こう。〉

これが、ネットで得た方法論に書かれていたことだ。

頭に浮かんだことを、とにかくそのまま、写し取るように書くこと。

とにかく書く。どんどん書く。考えずに、書きまくる。A3なんて、とにかくでかいのだ。ひたすら手を動かさないと、何時間かかるかわからない。

この方法論のいいところは、書いたものを、ぜったいにだれかに見せちゃいけないことだ。だから、どんなにバカっぽいことを書いても大丈夫。あとで赤ペンを入れる先生はいない。

〈それに、私の日記なんて読みたい人、いないと思うし。バド部の三人は見たがるかもだけど。あとで笑ってバカにするために。〉

そこまで書いて、手を止めそうになった。

だけど、希呼はえいやっとシャーペンを走らせた。

〈ぜんぶ書いちゃう。そういう日記だから。バド部の三人、てっちゃん、シーボー、ミサ。あいつらみんな意地悪。私のこと、いじめてるわけじゃない。それはわかってるけどさ。だけどあきらか、嫌がらせしてくる。私のことを歩いたらかならず笑いだすし。感じ悪すぎ。近くなんかほっときゃいいのに。私だってあいつらなんか嫌いだ。ううん、好きだったのに。みんなのこと好きだった。なんで嫌いにならなきゃいけないの、まじで。サイアク。〉

いつもなら、ここで手を止めていた。

こんなこと書いちゃいけない、と、いつもなら思っただろう。

あとでだれかに見られたら。あとでだれかになにか言われたら。そもそも、こんなことを考えているだなんて、自分で認めたくもない。

だけど、希呼はそのまま書きつづけた。

〈そうだよ。私はみんなのこと大好きだったのに。みんなで朝練、したかったな。みんなでフードコート来て、だべりたかったな。今日ここに三人はいない。いたらきっとサイアクな展開になってたはず。だけど本当はみんなと仲良しのまま、いっしょにここに来たかったんだ。いまだに、三人とやり直せたらって思ってる。そんなことムリだよね。たぶん、よけいキモがられるから、ぜったいできないし、言えない。悲しい。〉

書いても書いても、Ａ３のノートはなかなか埋まらなかった。それどころか、やっと一ページ目の三分の一を埋めたと思ったときに、「まだある」と思っていた。

まだある、書きたいこと。私が夜、眠れない理由。

ここならだれも見ていない。いっぱい人がいるけれど、みんな自分の時間を過ごしているから。

だから、ぜんぶ書き出してやるんだ。私の頭の中から、追っ払ってやる。

中学入学と同時に引っ越してきた希呼が、はじめ、学校に知り合いがいなくて不安だったこと。けれど、仮入部ですぐに三人の友だちができて、ほっとしたこと。はじめはその三人と楽しくしていたこと。おしゃれなてっちゃんと、てっちゃんと幼なじみだというシーボー、めちゃくちゃバドミントンのうまいミサ。

四人はとてもいいチームだった。四人でペアをぐるぐる回して、バドミントンの練習をいっぱいした。笑いまくったし、気があった、と思う。はじめのころは。

だけどだんだん、へんな空気が流れるようになった。

はじめは思いすごしかなと思った。

希呼がなにか言ったとき、三人がしんとなることが増えた。スベったかなとか、ちょっとタイミングが悪かったかなとか、最初は軽く考えていた。

だけど、希呼がなにか言って、三人がしんとしたあと、ミサが「ほんと、くそまじめだよね」と言ったことがあった。すると、あとのふたりがくすくす笑いだしたのだ。

すごくいやな笑い方だった。

手に汗をにぎる、というのを、はじめて体験した。

その日をさかいに、三人は練習に希呼を誘ってくれなくなった。部活に行くと、三人が先に練習をはじめていて、希呼が近づいていっても無視した。希呼は途方に暮れて、ひとりで練習をするしかなくなった。ほかの一年生は、みんなそれぞれペアを見つけていたから、希呼が入る余地はなかった。

バドミントンは、偶数でないと練習できない。たまりかねた希呼は、ある日直接、三人にそう言った。けれど三人は、「ミサがうまいから、二対一だとちょうどいいんだよね」と言って、やっぱりあの、いやな笑い方でくすくすしたのだった。

希呼はいやでもわかった。

三人は、もう、希呼のことを友だちだとは思っていないのだ、と。

それからは、口もろくにきいてくれなくなった。それどころか、ひとりで練習している希呼を遠巻きにして、ちらちら見ながら笑っていることも多くなった。

ほかのバド部の子たちも希呼たちの状況をわかっていたはずなのに、だれもなにもしなかった。そりゃそうだ。ミサはバド部のエースで、バドミントンがうまいというだけで、いちばんえらかった。だから、だれもなにも言えなかったのだ。

はじめのころは気にしないふりをしたけれど、もうムリだった。これ以上はつづけられなかった。それで、希呼はゴールデンウィークの前に、バド部を辞めた。

入部したときは、当たり前に三年間つづけようと思っていた部活。

それが、けっきょく一か月ももたなかったことに、まじめな希呼はショックを受けた。

けれど、それで終わらなかった。

そのあとも、希呼は三人の視線を感じた。

そばにはいないはずなのに、三人のうちのだれかに見られているような気がした。希呼が追い出されたグループラインで、三人に笑いものにされているような気がした。

三人に言われたこと、なんとか関係を修復しようとして言ってみたこと、いちいち思い出しては、最悪な気分におちいって眠れなくなった。

あのとき、ああ言えばよかったとか、こう言っていたらよかったのにとか、そんなことをいつまでも考えてしまって、考えが止まらない。

それを、書いた。

そういうことをぜんぶ、希呼はノートに書いていった。言われたことも、言ったことも、言えなかったことも、言いたいことも、ぜんぶ。

ぜんぶ書いたのに、まだ、二ページ目の真ん中だった。

〈うそだろ。〉

希呼は笑いながら、頭の中に浮かんだ言葉をそのまま書いた。

〈まだ、ぜんぜんノートが埋まらないんだけど。え、待って。これ、まだ半分も書かなきゃいけないの？　三人のこと、もうぜんぶ書いちゃったんだけど。まだなんか書き忘れたこと、あったかなあ。〉

すごくへんな感じだ。こんなことまで書くなんて。

だけど、頭に浮かんだことをそのまま書くのが、眠れるようになるために必要らしい。

〈私のこういうまじめなところを、三人は笑うんだよね。知ってまーす。で、毎晩あの三人のこと考えるせいで、眠れないんだよね。それもわかってまーす。わかってる

けどさ、どうすりゃいいのよ。まじ、頭パンクしそう。〉

希呼はシャーペンのおしりをノックした。

うわ。右手が黒くなっちゃってる。

〈こんなにいっぱい文章を書くなんて、生まれてはじめてかも。手が痛くなってきた。でもまだ一ページと少しある。なんか書くことを思いつかなきゃ。ずっとこうやって考えごとを書いてるの、アホみたいだし。〉

つらつら書いていたら、やっと二ページ目が終わった。

日記の中で喜んで、さらに書く。

〈お母さんもお父さんも、私が眠れてないことに気づいてるのかな。まあ、あれだけさわいでたし、たぶん気にはしてるんだろうけど、どうしようもないんだろうな。今日はゆっくり湯船につかってみよう。寝る一時間前くらいにお風呂入るといいらしい。この日記も書いたし、きっと眠れるはず。ちょっと希望、出てきた。〉

そこから、希呼は自分で調べた、眠れるための方法や、お母さんとお父さんのことを思いつくままに書き殴っていった。

希呼は、自分で自分にびっくりしていた。

ノートを買うときは、きっとあの三人の悪口でノートがいっぱいになるだろうと思っていた。それこそ、一週間くらいは、三人のことだけ書いているだろうと思っていたのだ。

なのに、三人のことはたった一日目の半分で書き終わって、それ以上ネタがなくなった。

そしていつのまにか、ぜんぜんちがうことばかり書いている。

〈お母さんもお父さんも、なんだかんだいっていい親だよね。不登校とかは許してくれなさそうだけど、理解はありそうなんだよなー。だから、私は学校に行く。まじめですから。それに、あの三人に負けたみたいで、くやしいし。私って意外と、負けず嫌いなんだなー。〉

それから、学校のクラスメイトのことを思いついて、それも書きつらねていった。

あの子とあの子は、仲良くしてくれる。

あのグループの子たちも、いつもにこやか。オープンな感じ。

バド部の三人とは、ちがうクラスだった。部活も辞めたから、接点はほとんどない。ときどき廊下ですれちがうときに笑われるのがいやなだけで、希呼は自分のクラスでは、普通にやっていけている。

〈私、けっこう平気かも。なんだかんだいって、無視してりゃいいんだから。お、なんだかポジティブな感じじゃない？　やったね。というわけで、今日はこのへんで終わり！　もうノートも残りわずか。すごい！　私、書けるんじゃん！　作文もこれくらい書けたらいいのに。まあ、こんなとりとめもないことばっか書いてるようじゃ、ダメだよね。ではでは、これで本当に終わり！〉

三ページ目の最後のすみっこにびっくりマークを書いた希呼は、カチッとシャーペンをノックしながらノートにペン先を押し当てて、ふうっと息をついた。

「終わったー！」

うーんと伸びをする。ものすごい達成感だ。バドミントンで相手に勝ったときよりもやり遂げた感じがする。こんな気分、久しぶり。

スマホに手を伸ばし、時間を確認した希呼はぎょっとした。

「うそっ。一時間半もたってんの？」

つまり、一ページあたり三十分もかけていたわけだ。おそるべし、A３判ノート。

希呼はあらためて、自分の書いたページを見おろした。眠れない原因だと思っていたバド部の三人への恨みつらみは、こうして可視化してみると、書いたうちの半分以下でしかなかった。びっくりだ。でも考えてみれば、三人とは四月の仮入部で知り合ったばかりだった。仲良くしていた期間は一か月もない。だから、書きたいこともこんなに少なかったのだ。

なあんだ、と思った。

あいつらのことなんて、こんなちっぽけなことだったんだ。

逆にいえば、三人だって、希呼のことをぜんぜん知らない。なのにあの三人は希呼のことをバカにして、ハブにして、笑ってきた。

もし、いま、三人がいきなり改心して、希呼にあやまって、友だちに戻ろうって言ってきたら……希呼は、ちょっと距離を置くかもしれない。日記を書く前ならよろこんで三人を許しただろうけれど、いまの希呼は……たぶん、許しはしても、三人のことはどうでもよくなっている。

それより、クラスにいる、ほかの子たちを大事にしたい、かも。

自分の書いた殴り書きをしばらく見つめたあと、希呼はノートをぱたんと閉じてカバンにしまい、席を立った。

眠れるようになるための日記のルールは、頭に浮かんだことをそのまま書くこと。そしてふたつめのルールは、書いたものをぜったいだれにも見せないことだ。

つまり解釈によっては、自分で読み返すのだって、アウトってこと。

そうだ、読み返すことはない。なにしろ希呼はいま、最高にいい気分なのだから。

自分が書いたことをいちから読み直して、貴重な「いい気分」を台無しにするなんて、超がつくほどもったいない。

希呼はさっぱりした気分でフードコートをあとにした。

いまからベッドに入るのが楽しみだった。

今夜は、本当に久しぶりに、よく眠れる気がする。

ナメクジの日記

出口かずみ

絵・出口かずみ

気《き》むずかしいナメクジがいました。
ナメクジは、マメな性格《せいかく》でもありましたので、
毎日《まいにち》欠《か》かさず日記《にっき》をつけておりました。
ナメクジの日記《にっき》というものは、
多《おお》くの人《ひと》が鉛筆《えんぴつ》で書《か》くような文字《もじ》の日記《にっき》と違《ちが》い、
ナメクジ自身《じしん》がノートの上《うえ》を這《は》って回《まわ》って記《しる》す
といったふうなのです。

ある日《ひ》、ナメクジが部屋《へや》のそうじをする際《さい》に、
床《ゆか》を掃《は》くのにじゃまだからと、
部屋《へや》の物《もの》を上《うえ》や端《はじ》に寄《よ》せました。
日記《にっき》も、窓辺《まどべ》にちょいと置《お》きました。

すると、ナメクジがよそ見《み》している間《ま》に、
日記《にっき》が風《かぜ》のしわざで飛《と》ばされ、
近所《きんじょ》の道端《みちばた》に落《お》ちてしまったのです。
ナメクジは慌《あわ》てて日記《にっき》を拾《ひろ》いに家《いえ》を出《で》たのですが、
ナメクジというのはたいへん歩《ある》くのが遅《おそ》い生《い》き物《もの》ですから、
日記《にっき》が落《お》ちた現場《げんば》に着《つ》いた頃《ころ》には時《とき》すでに遅《おそ》し、
何者《なにもの》かに拾《ひろ》われてしまったあとなのでした。
ナメクジは肩《かた》を落《お》としました。

なまえ
ナメクジ

その日記《にっき》を拾《ひろ》ったのは、
『ギャラリー・げいじゅつアート』の
オーナーでした。
オーナーは、拾《ひろ》ったノートを日記《にっき》と知《し》らず
開《ひら》いてみて、おったまげました。
「これは、なんと芸術的《げいじゅつてき》な素晴《すば》らしい模様《もよう》！
うちのギャラリーに飾《かざ》って
皆《みな》に見《み》てもらう価値《かち》があるぞ！」
と、すぐにノートの持《も》ち主《ぬし》のナメクジの家《いえ》に
向《む》かいました。
（ナメクジは自分《じぶん》の持《も》ち物《もの》にはきちんと
名前《なまえ》を書《か》くタチでした。）

ナメクジの家《いえ》のドアを叩《たた》くと、
「ナメクジさん、
ぜひともあなたの素晴《すば》らしい作品《さくひん》を
うちの『ギャラリー・げいじゅつアート』で
飾《かざ》らせてください！」
オーナーはたいへん興奮《こうふん》して、
熱《あつ》い思《おも》いをあふれさせながら申《もう》し出《で》ました。

しかし、ナメクジは怒《おこ》って答《こた》えました。
「日記《にっき》というものは他人《たにん》に見《み》せるものではない！
ましてや飾《かざ》って皆《みな》にさらすなぞ、もってのほかだ！」
そして、日記《にっき》をオーナーの手《て》から奪《うば》い返《かえ》し、
ドアをぴしゃりとしめてしまいました。
オーナーはとぼとぼ帰《かえ》りました。
「気《き》むずかしいナメクジだなぁ。」

ESSAY

日記的な営みについて

文月悠光

奇妙なことに、私は「日記を書くことをやめた人」としてここにいる。二年前、あるエッセイをウェブ媒体で発表した。「20年書き続けた『日記』の習慣をやめた」というタイトル通り、十歳から続けてきた日記の習慣を三十歳で手放したこと、日記への心境の変化を中心に正直に綴ったものだ。日記を続けられる人のほうが少数派の中で、「日記をやめた」話など共感してもらえるだろうかと不安だったが、思いの外反響があり、今回の原稿も、そのエッセイを読んだ編集の方から声をかけていただいた（ありがたい！）。

　私自身は子どもの頃に日記をつけておいてよかった派だ。日記をつける習慣がなければ、その延長で「詩を書いてみよう」と思うこともなかっただろうし、十代のうちに文章力も身についた。何より思春期の孤独感が紛れた。日記は私の心を慰め、導き、育ててくれた。

　子どもの頃、日記は私の大切な話し相手だった。日記であれば好きな話を好きなだけ、誰に邪魔されることなく話すことができる。親や先生といった大人ではなく、同じ目線で共感してくれたり、励ましてくれたりする存在（もう一人の自分）を求めていた。日記は、心を唯一、委ねられる存在だった。

　ちなみに日記が習慣化する前、学校で「絵日記」の宿題を出されたことがある。冬休みが終わる数日前にその宿題を思い出し、慌ててエピソードを絞り出した。家族でスキー場に行った際、滑り降りた先で私が知らない子に激突した、というプチ事件をイラスト付きで書いた。案の定、親は「こんな話を先生に見せるの」と眉をひそめた。もっと当たり障りのない内容を求めていたのだろう。けれど「自分の日記」なのに自由にできないなんて、子どもながら不条理を感じた。宿題としての日記と、自分だけの秘密の話し相手としての日記は全くの別物なのだ。

　話を現在に戻すと、私はまだ「日記を書かない」期間が続いている。以前は物書きという仕事柄、何かを「忘れる」ことが怖かったのだが、「忘れる」

ことへの恐れが減ったと思う。今は日常でもなるべく写真を撮ったり、限定公開のクローズドなSNSに気持ちを吐き出したりすることで、その日の記録を残している。

　どうやら何かを「思い出す」こと自体、心身に負担がかかるものらしい。私は「そういえば過去にこんなことがあった」と一度思い出すと、芋づる式に嫌なことが次々思い出されて具合が悪くなってしまうことがよくあった。いつしか日記もそのトリガーの一つになっていたので、書かないほうが逆に心は安定した。

　日記をやめたことの最大の収穫は、「私は日記をやめることが怖かったんだ」と気づけたことだ。あれだけ怖かったけれど、やめてしまったら、もう怖くない。心に刻んでいれば大事な出来事はちゃんと残る。むしろ記憶からこぼれてしまう何気ない一日や、「ちょっといいことあったな」と思えた出来事のほうを覚えておきたい。

　日記を書くことが好きになるような人は、きっと自己管理も好きだと思う。自己管理の得意・不得意は関係なく、自己を思い通りにコントロールできることに憧れがあるはずだ。それゆえ私にとって、日記は「功罪」ある存在だ。完璧主義／過度の内省／自己節制、そういう危険にも接近しやすくなる。どうすればデメリットを最小限にして日記的な営みを続けられるか、ここ数年はそういう考え方にシフトしている。

　そんな私が日記の代わりに最近力を入れているのが「スケジュール手帳」である。長年、日記を書く中で不満だったのが、その日の「時間・場所・会った相手」といった出来事メインの記録と、「自分の感じたこと」を並べて書くのがなかなか面倒ということだ。前者はいちいち書くのが億劫だし、かといって前者の情報なしにその日の自分の感じたことだけを記録するのは違和感がある。

　そこで思いついたのが「スケジュール手帳を日記の代わりにする」ことだった。手帳にはもちろん先々の予定や原稿の締め切り、ToDoを書き込むのだが、私はなるべく実行できた予定だけを手帳に残すように心がけている。その日、自分がどこで何をしていたか、後から見返したとき分かるように。

　おすすめは、週間ごとにたっぷりと余白のある大きめの手帳を使うことだ。忙しい週は余白にタスクリストを作り、そうでもない週は今週を振り返って一言書き込む。少々味気ないが、このやり方が今の私には合っているようだ。

　日記は出来事や心の動きを振り返る機能がメイン。一方で、スケジュール手帳には「実際にできたこと」を記録する。「できたこと」にフォーカスすることで、「私、意外とできてるじゃん！」と自信をつけられる気がするのだ。手軽に「自己効力感」を得られるのでおすすめしたい。

　日々を「ちゃんと書かなくては」という義務感ではなく、「ちゃんと生きた」という実感のために、私は日記的な営みを続けていくだろう。

日記でつながる

長山さき

アムステルダムの我が家には、六十年以上前に母がわたしの成長記録を付けていた育児日記や、わたしの高校時代の日記、十四歳からオランダに留学するまでの十年間の読書日記、息子の誕生からの育児日記、オランダでの暮らしを綴ったものなど、たくさんのノートがある。日記に関するエッセイを、とお声をかけていただいて喜んだものの、久しぶりに紐解いた日記には恥ずかしい内容もあり（作家になりたいとか、夫に恋をしているとか）、一瞬、まとめて捨てることまで考えた。読み返すといたたまれないものを書き残す必要がない気もして、日記の良さを語るむずかしさを感じた。だがその気恥ずかしさにはすぐに慣れることもわかった。その後はまったく忘れていたなつかしいできごとや気持ちを思い出す楽しみを味わえた。

　息子が五歳のときの日記にこうある。「スキポールのマクドナルドで『ぼく死んで、また赤ちゃんになってもあのおうちに住みたい』。どんなおとうさんとおかあさんがいい？ときくとてれ笑いしておんなじおとうさんとおかあさん、だって。そんなふうに今の暮らしを感じてくれていてよかった。私もあの家が大好きだし」。

　五歳で「死んでまた赤ちゃんになる」などと言うとは……これは母がわたしの五歳の誕生日の前夜に書いていたことを思わせる。「夜、眠る時、フッと『あたし（自分が）誰だかわからなくなるの。さきちゃんじゃないみたいでコワイの』と言う。子ども心にこれはどういうことだろうか」。二つの日記を合わせると、もしかしたらわたしたちは前世や輪廻転生について漠然とした感覚をもっていたのかもしれない、とも思える。自分が付けた日記だけでなく、複数世代の日記を比較するのも面白い試みかもしれない。

　この一月、六十二歳の誕生日の前夜に読んだ日記には、ちょうど三十八歳の誕生日の記録が出てきた。「38才になった。ヘマ（カフェのある日用雑貨店HEMA）でヘマをした…紅茶を飲もうとして葉っぱを茶こしに入れたつもりが、直接お湯の中にざばっと入れていた。ぼう然…でも目の前にナイフ・フォークを補給しているやさしそうなおじさんがいたので『おじさん、わたしすごいばかなことしちゃったんですけど…』と言ったら、笑って『ぼくがあたらしいのをもってきてあげるよ』と言ってくれた。よかった。こんなばかやってると、自分らしくてすごく嬉しくなる。机が揺れるので、書いているとコップががたがた鳴ってハリー・ポッターの世界みたい。ばかなことやって、やさしいおじさんに助けてもらって…こうやってわたしはずっと生きてきて、これからもどんなことがあっても生きてゆけそうな気がする」。

十二支二巡り分、若い自分が、いまインスタグラムに書いているようなちょっと嬉しい話を、誰のためにでもなくひっそりと書いていた。オランダでの地味な暮らしで培ったわたしの基本は、これから迎える老後にも変わらないだろう。なんだか、三十八歳の自分から誕生日プレゼントを受け取ったような気持ちになった。

〈飛ぶ教室〉誌にはこの発見以外にも感謝することがある。一九九三年十一月八日、東京での日記より。「今〈飛ぶ教室〉の方たちと会ってきた。なんと、渡してあった十篇の他にあと四、五篇も載せてくださるそうだ。嬉しい。これで私は本当に翻訳者なんだ!!」〈飛ぶ教室〉がわたしの訳者としての出発点だったのだ。

今回、お声をかけてくださった編集者の方は、『ハリネズミの願い』等、トーン・テレヘンさんのどうぶつ物語（新潮社刊）を楽しく読んでくださったそう。実は、日本で初めてテレヘン作品が紹介されたのが〈飛ぶ教室〉の誌上であったことをお知らせしたところ、さっそく書庫から一九九四年冬号を取り出し、読んでくださった。偶然のご縁に、初めて言葉を交わす方と喜びを分かち合えた。

あのとき、編集部に繋げてくださったのは谷川俊太郎さんだった。そしてこの六月には、当時から日本での紹介をご相談していたテレヘンさんの本――ゾウの男の子が人間の小学校に通い、たくましく生きていくお話、『ゾウのテウニス』が理論社から刊行されることに。谷川さんに帯をお願いすることはできなくなってしまったけれど、ようやく実現するこのタイミングで再び〈飛ぶ教室〉にエッセイを載せていただけるのは、まるで谷川さんが空の上からさいごにもう一度、繋げてくださったように感じている。

この喜びもまた、日記に書き残しておきたくなった。

記録者としての自分

石川直樹

日記は、〝表現〟とは一線を画す、確固とした〝記録〟である。目新しいことが何もなかった日でも、半ば義務のように書くことによって拾われる些細な断片こそが日記においては重要なのだ。大ごとが起こったときももちろん書くけれど、まったく大ごとがない平々凡々とした小さな日常を書き連ねているからこそ、その大ごとの意味がことさら浮かび上がるのであって、大ごとだけを書いてもそれは日記ではない。

ぼくの初めての著作は日記だった。今から四半世紀前、二〇〇〇年の一年をぼくは旅に費やした。「Pole to Pole 2000」という国際プロジェクトに参加し、北極から南極までを一年がかりで、外国の仲間たちと共に人力の移動手段を使って旅をしたのである。ぼくはそのとき二十二歳、大学を一年間休学して旅に身を投じたのだった。

二〇〇〇年四月五日に北磁極を発ち、北米、中米、南米を通って、同年十二月三十日に南極点に到達したのだが、この地球縦断の旅では、毎日みっちりと日記をつけた。

パソコンが使えない北極や南極では手書きでノートに、他地域ではノートPCに書きつけて、その都度ブログにアップした。今でこそWi-Fiを通じてどこでもインターネットに繋がるけれど、当時はネットに接続するだけでも一苦労だった。ダイヤルアップ接続、すなわち電話回線を介してのインターネット接続が主流で、あるときは安宿から、またあるときは電話場（当時の発展途上国には電話をかけるための公衆電話場のようなものがあった）からインターネットに接続し、日記を送信した。

子どもの頃、日記をつけていたら、今ごろたくさんの発見があったに違いない。過去はいつも新しい、と思うのは、たいてい日記を読み返しているときで、忘れていた感情や光景が瞬時に頭をよぎるからだ。懐かしいのではなく、確かに新しい。ぼくは自分の日記を読むと、いつもそんな印象を受ける。

本当に大切なことだけが記憶に残る、なんていうのは体のいいコピーに過ぎない。岡崎京子さんの著書『ぼくたちは何だかすべて忘れてしまうね』（平凡社、二〇〇四年）という題名は秀逸で、時おりあの本のことを思い出す。ぼくの母親はこの数年で認知症が進み、まれにぼくのことさえ認識できなくなった。人間は忘れてしまうのである。だからこそ、記録しなければならない。

世界中の人々は日記を書かなくなった代わりに、SNSにその時々の思いや写真をアップするようになった。SNSは広義の記録ではあるが、決定的に欠けているものがある。それは、半ば義務的に記された平々凡々とした日常である。誰かに伝えようと意図的に切り取られた断片は日記にはなりえず、巷に溢れる承認欲求は日記の本質とは相反している。

日記の重要性をぼくは痛切に感じていたけれど、日記を書く習慣は自分の中に定着しなかった。だから、ぼくは写真を撮るようになった。雄大な風景はもちろん撮る。でも、それだけではない些細な日常を、自分のために撮る。最近は、右下に日付が入るタイプの古めかしいコンパクトカメラにフィルムを装填《そうてん》して毎日撮っている。誰に見せるためでもない。自分のために撮影するのである。

「デビュー作にその作家のすべてが詰まっている」としたら、ぼくの文章における初めての発表作はPole to Poleの日記であり、初めての写真集は日記のように撮影していた写真によって編まれた『POLE TO POLE 極圏を繋ぐ風』（中央公論新社、二〇〇三年）だった。すなわち、自分の初心であり根っこであるものは、記録者としてのそれだろうと思っている。

日常の積み重ねの隙間に起こる非日常的な出来事に光があたることはあっても、非日常的な出来事それ自体が大切なわけではない。スペクタクルな光景が重要なのではなく、日常と地続きにある絶景にこそ意味がある。こうしたことを胸にとどめながら、ぼくは日々写真を撮っている。

未来の自分が新しい過去に出会うためにも、あるいは自分がいなくなった世界で、誰かが過去に思いを馳せるためにも、記録することは重要だ。撮ろうとしたもの以外の何かが写り込んだりすることを厭わず、見たものを瞬きで記録するように素直に撮る。どこかの誰かの誠実な記録は、消費されて終わることなく、後世まで小さな火を灯し続けるだろう。日々の記録には底知れぬ力がある。ぼくはそう信じている。

日記に書いてなかったこと

はやみねかおる

四半世紀以上昔、ぼくは小学校の先生をしていました。他の多くの先生と同様、子供たちに日記を書かせていました。

その『日記』について書こうとすると、K君のことを思い出しました。

K君は、〝わんぱく〟という言葉がピッタリくる〝いたずらっ子〟。

話し方がぶっきらぼうで粗暴なところがありました。

でも、決して嫌われているわけではありません。逆にクラス全員から好かれていました。いわゆる〝ガキ大将〟とは、ちょっとイメージが違います。

友達は多いんだけど、みんなと一緒になって暴れたりはしません。

それに、彼にはとても優しいところがあることも知られていました。

クラスに、足を骨折して車椅子で社会科見学に参加することになった女の子がいました。そんなとき彼は、誰に言われるでもなく車椅子を押していました。

男の子が女の子の車椅子を押して、冷やかされないか？　──当時は、そんな心配もしたのですが全く不要でした。周りの子たちは「K君、格好いい！」という目で見ていました。

ぼくが彼のクラスメイトだったら、楽しくつきあえるタイプです。

しかし、教師の立場だと、宿題や提出物を忘れたり掃除を丁寧にしなかったりしたら指導しなければいけません。

一番たくさん注意したのは、字を丁寧に書かないということです。

テストの解答が読めないのには困りました。漢字テストでは、画数が多い漢字は読み取れないため間違いになってしまい、勿体なかったです。一時期、「ひょっとして達筆なのか？　達筆すぎて読めないのか？」と考えたぐらいです。

もっと丁寧に書くように言っても、いっこうに改善されません。

「別に、ええやん」

と、注意を聞き流します。

習字など、丁寧に書かないといけない場合は、それなりの字を書くのですから要は気持ちの問題です。

家庭訪問しても変わりません。そういえば、字を丁寧に書くこと以外でも、彼の家には何度も家庭訪問しました。

そんなある日——。

K君の日記が書いてあるノートを見て驚きました。書いてある内容ではなく、その丁寧さに驚かされたのです。

横罫のノートに定規で縦線を引き、マス目が作られています。

その一マス一マスに、丁寧な文字が書かれています。上手とは言えないかもしれませんが、「きちんと書こう」という意志が伝わってくる文字です。

ぼくは、まずノートの表紙を見て、本当にK君の日記かどうかを確認しました。本人のものでした。

次に、日記の中身を読んで、「どうしてこんなに丁寧に書いたのか？」という理由を探ろうとしました。しかし、書かれていたのはいつもと同じ——〝放課後、友達と遊んだ。おもしろかった〟というような内容でした。

わけがわからないまま、まずは丁寧に日記を書いたK君を褒め、その理由をストレートに訊いてみました。確か、はっきり答えず、いたずらっ子のような笑顔を浮かべたのを覚えています。

その日の放課後、日記のコピーを持って家庭訪問しました。「今日は、K君のことを思いっきり褒めに来ました！」と言うと、お母さんは何事かという顔をしました。

どうして、丁寧に日記を書いたのか？——お母さんに、何か思い当たることはないのか訊いたのですが、心当たりはないとのことでした。

その後も、謎は解かれないまま、K君は小学校を卒業していきました。

中学や高校で野球をがんばっているという話を耳にしたりして喜んでいたのですが、日記の謎だけは解けないままでした。

再会したのは、彼の結婚式。

ゆっくり話す時間はなかったのですが、「おめでとう」という気持ちは伝えることができました。

その次に会ったのが、K君の友達（ぼくの教え子でもあります）の結婚式。K君は子供が二人いて幸せそうでした。ただ、かなり痩せたのが気になりました。

待合室で待機してるとき、彼に「先生、タバコ吸いに行こ」と誘われました。教師を辞めると同時に禁煙していたのですが、誘われるまま喫煙コーナーに行きました。

彼からタバコを一本もらい、ずっと気になってることを訊こうかとも思いました。

でも、口から出たのは——。

「ずいぶん痩せたけど、どこも悪くないのか？」

「タバコ、止めた方がいいぞ」

「奥さんやお子さん、元気？」

などの、他愛ない言葉でした。

結局、今になっても丁寧に書いた理由がわかりません。

今度会ったときこそ、訊いてみようと思います。でも、返ってくるのは「そんなの覚えてへん」という素っ気ない答えと、いたずらっ子のような笑顔だと予想できます。

本屋さん探訪

特別編

日記屋 月日

聞き手

飛ぶ教室編集部

二〇二〇年にオープンした、日記の本だけを取り扱う書店と、コーヒーとビールを出すドリンクスタンドを併設したお店、「日記屋 月日」。ディレクターの久木《ひさき》玲奈《れいな》さんと、店長の栗本《くりもと》凌《りょう》太郎《たろう》さんにお話をうかがいました。

拠点としての日記屋

——日記屋さんはどういうお店ですか。

久木　オーナーは内沼晋太郎さんという方です。日記がもとからお好きで、ご自身がやっている出版社でも日記の本を扱っていることが、このお店の背景にあります。日記って書いたことのある人がすごく多くて、それぞれに日記について思うことがあるという不思議な媒体なので、そこに興味をもつ人が集まる拠点を作りたいという思いから、お店ができました。

——お二人とも、もともと日記がお好きだったんですか？

栗本　ぼくは好きというか興味があったというか……。友人がネット上で書いている日記をたまたま見せてもらって、日ごとに記録されていく形式の不思議さに魅力を感じていた時期で。ちょうど、内沼さんが日記屋を立ち上げるという話をSNSで見て連絡しました。最初は働きたいというより、日記屋を立ち上げようとしている内沼さんと話をしてみたいと。

久木　私は小さいときから断続的に、絵日記や日記を付け続けていて。どちらかというと日記として表現にすることに興味がありました。内沼さんが「お店をつくろうとしています」とツイートしたときに連絡しました。日記屋というお店に勤めることで今までの考えがどう変わるんだろうと思って。私も日記屋という拠点に集まってきたうちの一人です。

——日記を読むおもしろさに気づいたのは何がきっかけですか。

久木　祖父母や父の日記を見つけてこっそり読んだ経験です。今、自分の目の前にいる人に若いころがあったんだとか、こんなことを考えていたんだとか、いつもとはちがう側面を知るところにおもしろさを感じました。ほかの日記の本に対しても同じ感覚です。祖父母の日記であろうが、文豪の日記であろうが、あまり性質は変わらない。そのフラットさがおもしろいというか。ドラマチックなことが起きなくてもその人が毎日生活して、食べて……といったことが書かれているだけでおもしろい。もちろん、『アンネの日記』などいろんな文脈を含んだ歴史的に重要な日記というのはあるんですけど、そこに描かれている日常自体は全部等しく存在する。すごく悲哀じみて読むようなものではないのかもという視点が与えられるというか。

栗本　ぼくは、やっぱり、先の友人の日記を読んだときが最初ですね。「自分以外の人間が生きている」という感覚が日記の本からは伝わってくる。その人の見ている世界の見え方が表れるのが魅力だと思います。それは文章力がどうだということではなくて、誰もがその形式をとればその人らしさが出てくる。ある意味、日記という形式には公平さがあるなと。書き手によらず、道具や知識がなくても誰でもやれるというのが魅力だなと思います。

子どものころと日記

――久木さんは、断続的に日記を書かれていたとのことですが、いつからですか。

久木　幼稚園のときに、「ないしょばなし」というノートを先生が手作りしてくれていたんです。毎月一冊配られるんですけど、そこに交換日記みたいなかたちで、自分の思ったことを書いて、先生に出していました。それが始まりだった気がします。

小学校に入ってからの日記の宿題も好きでした。プリントされたいろんなタイプの日記が配られるんです。すごく覚えているのが、「朝起きたら、◯◯になっていました。」という文から何かになった日記を書くというもの。そういうのが混じっていたので、何かになりきらずに自分として日記を書くときも、お話っぽく書いていける。「今日は図工で……」とか書くんですけど、それもちょっとお話っぽく捉えている自分がいたんだなと思います。

栗本　ぼくは自分自身のことを説明するのが苦手で。連絡帳の日記の欄に今週は何があったかを書くとか、読書感想文で、読んで何を思ったかを先生や誰かに伝わるかたちで文章におこすとかも、すごく苦手だったんですよ。久木さんと逆だなあ。

――それでも、大人になって日記を書けるようになったんですよね。きっかけがあったのでしょうか。

栗本　小学校の日記の宿題が苦手だったのは、見せる相手が決められていたからだと思うんです。ぼくが選べない相手に公開しなきゃいけなかった。今、書いている日記は、自分と数人の友人しか読んでいないので書けると思えるんですよね。説明しなくていいと思っているからこそ書けている。自分さえわかればいいと思っているからこそ書けている。

久木　自分への客観性がまだない子も多い中で、毎日、日記を提出するのってすごいことですよね。いっぽうで、おもしろがれる要素があれば書きやすいと思うんです。例えば、朝顔の成長や、芋虫が蝶になるまでとか、自分とは別に対象があるとやりやすい。自分を観察した日記って大人でも難しい。

栗本　お客さんにも何を書いたらいいかわからないという人がいて、そういう人も対象を決めると書きやすい。家族とかペットとか、対象さえあれば、おのずとその人の視点が入ってきます。久木さんの言っていた書き出しのある日記のプリント、もしかしたらぼくもその形式なら書けていたかもしれない。

久木　何か補助輪がないと見つけ出せないものがあるよね。最初は飼っている動物のことを書いていたけど、だんだん自分のことが出てきて……とか、育児日記を付けていた人が、自分の子ども時代のことを思い出して書いてみるとか、広い意味での他者があるから自分が見えてくるのがおもしろい。

栗本　うん、自分以外との関わりを書くことで、自分が書けるというのが日記だと思います。

　逆に、ぼくは子ども時代、何が好きだったかというと、絵を描くことでした。目の前に広がっている景色とか、座ったときに足元に生えている草のかたちとか、見えているままを描いていく。あと、木の実を集めてフィルムケースに入れておいたり、スクラップブックを作って、拾った花を押し花にして貼ったり、自分が見つけて気に入ったものを自分の枠の中に集めていくことをやっていたなと思い出して。それも今考えると、日記だなと思いました。日記って、普段過ごしている中で「これは残っていてほしいな」ということを書いていくと思うんですけど、ぼくにとっては絵だったり、何かを集めたりということが、日記的なことだったんだなと思い出しました。

久木　木の実の話、前に聞いたときすごくいいなと思って。そういう子が私の幼稚園にもいて、私はその子が集めておいているものを見るのが好きでした。なんか隠してあるんだよね。

栗本　そう、地面に埋めたり。

久木　隠してるつもりだと思うんだけど、見えてて。それを「誰かがここに置いたんだ」って見るのが好きでした。なのでこの話を聞いたときに、栗本さんもその人なんだって楽しかった。

栗本　日記っていうと紙に書くイメージがあるけど、この仕事を通して考えると、そうじゃないかたちもあるんじゃないかって、よく思います。

久木　ほかにも、子どもの作ったものがあとから日記になることもあります。自分で描いた絵に、誰かが日付をぽんと押すだけで日記になる。日付があることで目印ができて、振り返ることができるようになる。

日付の力

久木　そういった意味で、日付にはすごい性質があるというか。あの日に何が起こったのかわかると同時に、縛り付けてしまうこともあります。例えば、今日（一月十七日）みたいな日だと阪神・淡路大震災があった日ですけど、すごく大好きな誰かの誕生日と結び付けている人もいるかもしれない。そういう日付のおもしろさ、日付観は「日記屋 月日」でよく話題になります。

栗本　日付は何かを固定する力もあるのに曖昧《あいまい》でもある、両方の性質があるのがおもしろいです。

　日記屋としては、日記は、日付があるものという定義にしているんです。日付がないと外からは日記と判断できない。日付という共通の単位を使うことで、その人のいつかと自分のいつかをすり合わせてコミュニケーションができる。ただ、日付があるから日記だというのは、読む人側の視点で、外側から判断している。その人がその日のことを思い出せるなら、本人にとっては、日付はあまり関係ないのかもしれません。

久木　小学生のときって、日付や時間をあまり意識していなくて、いま、いま、いま……という感じで生きている。自分の幼いころの日記を読み返すと、時間の感覚があまりなくて、「朝～しました。」の次は、全部、「つぎに、」「つぎに、」……って、それってすごく不思議で。

――私の娘も小さいとき、昨日より過去は全部「きのう」で、明日より未来は全部「あした」だったんです。いつからわかるようになるんでしょうね。

栗本　人に説明することを通してでしょうね。他人にとっても未来の自分にとっても、「これは書いておかないと伝わらないんだ」と知って書き方を身に付けていく。

久木　変換していく感じだよね。日記も、未来の自分に説明するために一回出力する、わかるように。

栗本　本当は、全部「きのう」のほうが、本人にとってちゃんと自分の気持ちや体験を言い表せている可能性もあると思うんです。これも「きのう」だし、これも「きのう」っていうのが本当の体感というか。でも、それだとうまくいかないことが増えていく。日付っていうのは人と人の共通項で。全然知らない人の日記を読んでなぜおもしろいかというと、自分の日付や生きた感覚と比べられるから。誰もが同じように一日という単位で生きているという共通項があるからこそ、おもしろく感じられるんでしょうね。

おすすめの日記の本

久木　絵本『くもの日記ちょう』です。雲になりきって、雲の日記として書かれていて、その雲もいろんなものになっていくんです。自分じゃない何かになって書く。「自分」ってそんなにすぐに見つかるわけではないから、他人になりきってロールプレイングして、自分を構築していく。

　自分のことを書くというのがスタンダードな日記のあり方だと思うんですけど、でもそこに書かれたことが本当かなんて誰にもわからない。だとするならば、どんな日記にも少しずつ創作

『くもの日記ちょう』
長新太 作／絵本塾出版／2024年

© Keiko Sena / 福音館書店

『せなけいこ 日記帳（ねないこ）』
学研ステイフル

の要素があると思って読むのがいいのかな、と思います。

栗本　『せなけいこ 日記帳』は『ねないこだれだ』（せなけいこ作／福音館書店／一九六九年）の絵がかわいくてお店でも人気がある日記帳です。日付を自分で書くタイプなのもいいです。

久木　『誕生日の日記』は、お店の出版物なんですが、誕生日の日付から日記を書いてくださいとお願いをして十五人に書いてもらったものです。誕生日は誰にでも割り振られている日付で、自分や家族とか関係性の深い人じゃないと、その日付に反応しないという不思議な日付。誕生日を嫌がっている人もいたり、喜んでいる人もいたりしておもしろいです。

『誕生日の日記』
阿久津隆ほか 著／日記屋 月日／2024年

栗本　『宿題の絵日記帳』は、難聴の娘さんが学校で先生と会話するための補助として出された宿題の絵日記を、お父さんが描いたものです。

久木　日記を間に置くことで、会話の練習にもなっていて。日記を使ったコミュニケーションですね。

『宿題の絵日記帳』
今井信吾 作／リトルモア／2017年

日記にかくことと、かかないこと

――辛いことや悲しいことって日記に書きますか。

久木　書いてみています。私は、自分の日記を本にしているので、本を作るときに読み返すんですけど、そうすると、なんでこの日はこんなに怒っているんだろうとか、ほぼ他人みたいに感じて。地続きではあるはずなんですけど、書いたときがいちばんフレッシュな状態で、ちょっとでも時間が経つと薄れていく。でも読み返すタイミングによっては辛くなるので、かたちにすることがすべてではないなと思います。辛いことばかりを書いた日記って、逆に引っ張られることもあるので。

栗本　心を落ち着かせるために書く、見返すと辛くなるから書かない、見返して、「同じことでずっと悩んでいるんだ」とわかることで整理がつくってこともある。どこを選ぶかですね。

久木　栗本さんが今挙げてくれたやつは、全部やったことがあります（笑）。最近は、感情を日記にそのまま落とし込めるわけではなくて、自分という生活の二次創作がそこにあると捉えるようになりました。書かない、書けない、思い出せないということもあったうえでのその日の日記なので。

栗本　日記には何でも書けるという事実がある反面、人って本当に書きたいこと、言いたいことは書けないだろうなと思います。その原因は二つあって、一つは言葉を使っていること。言葉に置き換えられないものは書けない。ぼくの場合は絵を描いたり木の実を集めたりしていましたが、友人には、線の日記を描いている人がいて。日付と、その人が見た光景や感情を線にして描く。ぼくから見ると何もわからないけど、その人は思い出せるんです。

もう一つは、無意識の問題。自分で思っていることが自分でもわからない。久木さんの言う「なりきる」というのは無意識の問題へのアプローチだなと。自分じゃない何かをロールプレイングして、でもそこに無意識の自分が出ている。

いろいろな日記

——日記がなかなか続かない人は、どんな付け方をするといいんでしょう。

栗本　その人が残せているという感覚があれば、どんな媒体でもどんなかたちでもいいんですが、その人の生活の行為から派生した残し方がやりやすいだろうと思います。ＬＩＮＥで自分だけのグループを作って書いたり、仕事でメールを使う人は、メールの下書きに書いたり、予定表を日記がわりにするとか。なんでもいいと思います。

久木　私は最近、動画サイトで再生回数が五十回くらいの動画を見るのが好きで。ただ記録的に撮ってなんとなくアップしている動画、十五年前にアップされた誰かの旅行先の何秒間とか、きっとアップした人は、見られることは意識せず、プラットフォームがあるからぽんと置いているだけだと思うんですけど、意図せず日記になっている。

栗本　今思ったんですけど、どんな小さなことでも、続けているものは全部日記になるのかもしれない。日記というものの性質として、書かれてないものも残される可能性がある。例えば、三日間の日記の、真ん中の日だけ書いていなくても、前後から思い出せたりする。日付という杭がいっぱいあることで、間の書かれてないことも記録できてしまっている。だから、続けていること全部が、日記となるんじゃないかと思いました。人間は一方向の時間軸にしか生きていないので。

（二〇二五年一月十七日・日記屋 月日にて）

ぼくの『えもの』日記

柏葉幸子　絵・kigimura

「デビューはまだなのか。そろそろそのじまんの牙《きば》をつかってみたらどうなんだ。吸血《きゅう》一族《ぞく》の王子として、ひとかみしてこい。朝ばん、みがいているだけではなんのやくにもたたないだろうが!」

って。父上にしかられた。

ぼくはぼくの牙をそれはいっしょうけんめいにみがいている。ブラシをかけて、やわらかい布《ぬの》でみがきをかける。かがみにうつして、ニヤリとわらうと、くちびるからのぞく左右の二本の牙はステキにキラッ!とかがやく。いかにも王子の牙だ。ぼくだってうっとりする。この牙で、やわらかいお肉にかみついたら、どんなかんじだろうと、よだれはでるし、ぞくぞくと体がふるえそうだ。でも、こわいんだ。かみつくことなんてできるんだろうか。それにもし牙がおれたらどうしよう? こんなにステキな牙はもうはえないかもしれない。それを思うと、かみつくことなんてできっこない。

父上にこんなきもちを知られたら、しかられる。うだうだいってないで、まず行動することがだいじなんだっていつもいってるもの。とにかくやってみろ!っていうにきまっている。母上にそうだんするのは、もっといやだ。

「いいのよ。いいのよ。かみつきたくないなら、かみつかなきゃいいじゃない。血がなくたって生きていけるわ。今は肉食より草食の時代よ」

って、きっという。母上は、ぼくをあまやかしているってわかってる。でも、母上のいうとおりにしていたら、ぼくはいつまでも子どものままだっていうこともわかってる。

かみついてみたい! でも、こわい。

いろいろ考えてぼくはおじい様にそうだんしてみた。おじい様は、ぼくをすごーくかわいがってくれる。父上みたいに、とにかくやってみろ!みたいなむちゃなことはいわない。母上みたいに、なにもしなくていいってあまやかしもしない。いけないことはいけないとしかってくれる、おじい様が大好《す》きさ。

おじい様は、

「はじめてかみつく時は、それはそれはきんちょうする。歯がおれないかと心配するきもちもよくわかる。でも、いくらのんびりやの王子でもそろそろかみつきデビューする年だ。デビュー戦《せん》の『えもの』は、じっくりえらぶといい。やわらかそうなお肉で、おとなしそうなのが一番いい。それと、『えもの』が寝《ね》ている時にかみつくのは、王子のデビュー戦としてはほめられたものではないぞ。正々堂々《せいせいどうどう》『えもの』がしっかりおきている時にかみつけ！」

っておしえてくれた。

『えもの』ってよぶの？ってきいたら、

「かみつくんだぞ。『えもの』だ！」

だってさ。

「『えもの』を見つけたらその行動をよーくかんさつして、今だ！とチャンスを見さだめるんだ。なに、さっとかみついて、チュと血をすって、そそくさとにげればいい。もし、もしだぞ、牙がおれたら、入れ歯というやつがある」

おじい様は、これはないしょなんだがなと、じぶんの右の牙を指でたたいてみせてくれた。入れ歯だなんて知らなかったからおどろいた。りっぱな牙にしか見えない。

ぼくは少しあんしんした。

おじい様におしえてもらったとおり、ぼくは『えもの』をさがすことにした。

ぼくは、お日様が出ている日より雨の日が好きだ。コンビニのわきのくらい所で、道を歩く人間をかんさつした。男の人より女の人のほうがおとなしいかな？　でも、おじい様が、女の人は、虫もころさぬような顔をして、思いのほかこわかったりするんだぞっておしえてくれた。母上も、おこると父上よりすっごくこわいもの。肉のやわらかさとなると、大人より子どものほうがよさそうだ。

学校帰りの子どもたちがやってきた。みんな色とりどりのかさをさしている。男の子三人組は、水たまりにわざとふみこんで、どろをはねちらかしている。女の子の三人組は、ひそひそ話してはキャーって声をあげている。ぼくはもっとしずかな子がいい。しずかでおとなしいほうが、かみつきやすいんじゃないかと思ってる。

そのあとにきた男の子四人組から、黄色いかさの男の子が一人はじきだされた。

「おたんじょう会は、しないんだって」

「プレゼント、よういしようと思ったのに」

「ぼくのおたんじょう日には、そうちゃんのことよんだろ」

三人が、そうちゃんとよばれたはじきだされた黄色いかさの男の子をにらんでいる。

「今年のおたんじょう会はないんだ。ごめんね」

そうちゃんが、小さな声でいってうつむいた。うなだれているせいかな。おとなしそうだ。それにあのほっぺ！　白くてふっくらして、もうよだれが出そうだ。

「来年はきっとよぶよ」

そうちゃんがふっくらしたほっぺの顔をやっとあげた時、三人は行こう行こうともう歩き出していた。

そうちゃんは、友達《だち》をよぶおたんじょう会を家でしてもらえないらしい。友達においていかれたそうちゃんは、三人の少しあとをとぼとぼ歩き出した。おたんじょう会をしてもらえないなんて、そうちゃんは家族にほったらかしにされているのかな。

きめた！『えもの』は、そうちゃんだ。よわっちぃし、おとなしそうだし、家族もそうちゃんを気にかけてはいない。ぼくは『えもの』のあとをつけた。よーくかんさつするつもりだ。この『えもの』なら、かみつくチャンスがすぐ見つかりそうだ。

『えもの』かんさつ日記

「六月二十一日　水曜日　曇《くも》り

ぼくの『えもの』は前田宗太郎《まえだそうたろう》という。小学校三年生。一人っ子だ。ぼくは、『えもの』の家にゆうがたから通うことにした。だって、学校でかみつくのはむずかしい。人間がたくさんいる、だれかに見つかるかもしれないもの。

『えもの』が学校から帰ると、おばあちゃんが、おやつを出してくれる。パパとママは仕事らしい。『えもの』は、おばあちゃんにお礼をいって、おやつを自分の部屋で食べる。自分の部屋があるんだ。おばあちゃんは、少しふまんそうだ。家にいるのは二人だけだ。おばあちゃんとお話しながら食べたらいい。ぼくなら、そうする。おばあちゃんのことがきらいなのかな。おやつは、焼《や》きおにぎりとよくひえたキュウリにみそだ。ドアのすきまからのぞいたら、キュウリをパリパリきもちのいい音をたてて食べてる。食べることにむちゅうで、すきだらけだ。チャンス！　今だ！って部屋へとびこもうとしたら、おばあちゃんが麦茶をもってきちゃった。あわてて、ろうかのすみにかくれた。おばあちゃんが、おいしいってきいたら、『えもの』は、はいっていった。はいっていうかな。ぼくなら、うんだ。」

「六月二十二日　木曜日　晴れ

ぼくは『えもの』の部屋のおしいれにかくれている。うすぐらくて、ちょっとしめっぽい。かべにはったカレンダーが見える。六月二十五日に赤い花丸がある。たんじょう日って書いてある。でも、おたんじょう日会はしてもらえないらしい。

今日のおやつはハンバーガーだ。やっぱり、おばあちゃんがあとから麦茶をもってきた。コーラのほうがいいんじゃないかってきいた。わかった！　おばあちゃんは、『えもの』とお話したいんだ。だから、あとからのみものをもってくる。『えもの』は首をふっただけだ。おばあちゃんは、がっかりしたように部屋から出ていった。『えもの』がハンバーガーにかぶりついた時がチャンスだ。とびかかろうとしたら、『えもの』が、とつぜんふりかえった。びっくりして、あわてておしいれにもどった。セーフ！　見つからなかった。なんで、きゅうにふりかえったりするんだ！

『えもの』は、おばあちゃんのせなかに口をひらきかけた。よびとめようとしたみたいだ。そして、ため息をついた。『えもの』も、おばあちゃんと話したいのかな。でも、話せない。『えもの』は、うなだれた。自分のおばあちゃんにひとみしりしているのかな。よわっちぃやつ！」

「六月二十三日　金曜日　曇り

おばあちゃんが『えもの』にハムとキュウリのサンドイッチのおやつをもってきた。『えもの』はあまいものがきらいなのかな。クッキーやチョコレートは食べないのかな。ぼくはあまいものも好きさ。おじい様が、歯がうくほどあまい！っていうことがある。どんなにあまいかよくわかるいいかただ。あんまりあまくてはぐきから歯がうくんだ！

おやつをおいて部屋を出たおばあちゃんの電話がなった。ろうかで話している声がきこえた。そろそろ、食べられそう？ってきいてた。今年で最《さい》後ね。おくってちょうだいって、おばあちゃんは電話をきった。何をおくるんだ？　どこから？　ぼくがきいてもわかりっこない。

それから牛乳《にゅう》をもってきたおばあちゃんに、やっぱり電話の話をきいていたらしい『えもの』が、いなかから桃《もも》がとどくのって、かすれた声できいた。なんとかふりしぼって出した声だ。ほめてやりたかった。きっと、ゆうきを出してきいたんじゃないかな。

おばあちゃんが、やっと話しかけてくれたってうれしそうに、でも、どうして桃のことだってわかったのって、ふしぎそうに『えもの』を見た。ぼくだってそう思う。あの電話の話だけでわかりっこない。おばあちゃんは、そうちゃん、いなかの私《わたし》の家に夏休みと冬休みの時、一日しかとまったことないよね。桃の木があること知ってたの？　うちの桃はほかより早く実るから、夏休みには食べられないのよ。そうちゃんは食べたことないよねって、首をかしげてた。

すっぱい桃なんでしょ。パパからきいたことある。ぼくのたんじょう日のころに食べるんでしょって、『えもの』がきいた。だから、じゅんびしてるんだよねって、きいた。おばあちゃんは、じゅんびって？って首をかしげた。『えもの』は、パパが、おしえてくれたんだっていった。おばあちゃんには何のことかわからなかったみたいだ。『えもの』は、わからなくてもいいんだっていうようになにもいわなかった。

　あまりあまくないのよ。桃の木を切っちゃうそうだから食べられるのも今年で最後よって、おばあちゃんはさみしそうだ。『えもの』がぼくたちのせいって、うなだれた。そんなことないのよっておばあちゃんがあわてた。私一人じゃ、いなかのあんなに大きな家も畑も手におえなくなったから、知りあいに買ってもらって、そうちゃんたちといっしょにくらしにきたのよっていった。『えもの』は、うなずいたけど、またうなだれてしまった。『えもの』がおばあちゃんとくらしだしたのは最近なんだ。だから、おいしいってきかれて、知らない大人にこたえるみたいに「はい」なんだってわかった。なにかわけがありそうだ。

　明日は土曜日だから『えもの』は学校へ行かない。家にいるはずだ。かみつくチャンスがあるかもしれない。ぼくは、おしいれにとまることにした。」

「六月二十四日　土曜日　曇り
　きのうの夜、かみつくチャンスはいっぱいあったんだ。『えもの』は、おとなしく寝息をたてて、ぼくの前で寝てた。でも、ぼくはがまんした。おじい様が王子のデビュー戦は、『えもの』がおきている時に正々堂々かみつくんだぞっていったもの。

　今日、学校はお休みだ。ママも仕事はお休みだ。『えもの』はママとおばあちゃんと三人でおでかけした。『えもの』にパパがいないことにやっと気がついた。リビングのチェストの上にしゃしんたてがある。少しはずかしそうにわらっている男の人は、『えもの』とおばあちゃんに、にている。きっとパパだ。しゃしんの前におまんじゅうとチョコレートがおそなえしてある。あまいものが好きだったんだ。パパがいなくなって二人だけになってしまった『えもの』とママのために、おばあちゃんは、いなかの家からひっこしてきたんだ。

『えもの』は、たんじょう日のプレゼントを買ってもらって、おひるごはんを食べて帰ってきた。プレゼントはテレビゲームのなんとかだそうだ。『えもの』はゲームをはじめてリビングのテレビの前から動かない。ゲームにむちゅうですきだらけだけど、ママとおばあちゃんもリビングにいるんだ。かみつくチャンスはない。ママが、ほんとに、明日、おたんじょう会をしなくていいのってきいた。『えもの』はうんっていった。おたんじょう会をしてもらえないのではなくて『えもの』が、おたんじょう会をしなくていいっていったんだ。どうしてだろう。

『えもの』は明日もお休みだ。家にいる時間は長い。かみつくチャンスがあるかもしれないから、今日もおしいれにとまるつもりだ。デビュー戦は思ったよりたいへんだ。」

「六月二十五日　日曜日　雨

日曜日だけどママは仕事へでかける。帰りにバースデーケーキを買ってくるっていったママに、『えもの』が、いらないっていった。どうしてって、ママがきいた。おばあちゃんが、あまいものを食べてないから、ぼくも食べてないんだって『えもの』がささやいた。『えもの』は、まだ、「おばあちゃん」って、ちょくせつよべていない。ママには、「おばあちゃん」が、って、いえるのに。おばあちゃんは、『えもの』に「おばあちゃん」ってよんでもらうのをまってると思うなぁ。『えもの』は、おばあちゃんがあまいものを食べてないから、おたんじょう会をしなくていいっていったのに、ケーキなんてあったら、ぼくが、がまんできなくなっちゃうでしょって、口をとがらせた。ママは、『えもの』があまいものを食べてないことも、おばあちゃんがあまいものを食べてないことにも気がついていなかった。

ママが、おばあちゃんに、あまいものがお好きなのに、どうしてってきいた。おばあちゃんは、いなかから桃がとどくの。うちの桃って、そんなにあまくないの。だから、毎年今ごろはいつも、桃を食べるまであまいものを食べないことにしているの。そのことを、そうちゃんはパパから、おばあちゃんは桃を食べるじゅんびをするんだっておしえてもらっていたみたい。この前、そうちゃんがじゅんびっていうのをきいてなんのことかなって思ったの。でも、やっと、私があまいものを食べていないことだってわかったのよ。ひさしぶりにあまいものを食べると、すっごくあまいって思うでしょ、ってにっこりした。

ママは、おばあちゃんが家にきてくれてそろそろ一か月になるのに、おばあちゃんが、あまいものを食べないって気がつきませんでしたって、うなだれた。

おばあちゃんは、ママはお仕事をはじめたばかりで、せいいっぱいだもの、しょうがないわよ。でも、ママのかわりにそうちゃんが気づいてくれていた。そうちゃんも、パパと同じであまいものが好きよね。そうちゃんは、なにもいわないけど、私につきあって、うちの桃を食べるまであまいものを食べないでいてくれるんだと思うの。毎日のおやつも、あまいものは食べないのよ。おたんじょう会をしなくていいっていったのは、ケーキを食べたくなっちゃうからでしょ。おばあちゃんは目になみだをためた。その目がやさしい子なのよ、大好きよっていってた、ようにぼくには見えた。だって、ぼくはそう思った。ぼくの『えもの』はいいやつだ。吸血一族の王子の『えもの』にえらばれるだけのことはある。

今日は家に帰った。父上も母上もデビューはまだなのかって、がっかりした。今にデビューするっていっておいた。おじい様に『えもの』の話をした。おじい様は、なかなか根性《こんじょう》のある『えもの』じゃないか。ゆだんするんじゃない！　しっかりかむんだぞ！ってこわい顔をした。おじい様のいうとおりだ。ぼくの『えもの』はよわっちぃやつなんかじゃない。そして、いいやつだ。いいやつでも、ぼくの『えもの』だ。しっかりかむぞ！」

「六月二十六日　月曜日　晴れ

　きた！　桃がきた。おばあちゃんのいなかからダンボール箱がとどいた。ぼくにはわかった。おばあちゃんは、そんなにあまくないっていったけど、あまそうなにおいがプンプンしているんだ。おばあちゃんは、ダンボール箱をあけて、あらー、じゅくしてる。おいしそうじゃないのって、うれしそうだ。いっしょにとどいた野菜《さい》をれいぞうこへいれて、とどいたおかしの箱と桃を一個《こ》、パパのしゃしんの前におそなえした。

『えもの』が学校から帰ってきた。桃とどいたの？って、おばあちゃんにきいた。おばあちゃんがどうしてわかったのって、うれしそうだ。『えもの』が、だって家中、桃のあまいにおいがしてる。パパの前にもあるし、だって。そうよ。とどいたのよ。きっとあまーいんじゃないかな。こんなにいいにおいをさせているんだもの。そうちゃんがおばあちゃんにつきあってじゅんびしてくれたから、桃もがんばってあまくなってきたんだわって、おばあちゃんが、フフッってわらった。『えもの』もちょっとはずかしそうに、そうかなってわらった。

　おばあちゃんが、おやつに食べる？ってきいたら『えもの』が、ママが帰ってきたら、ごはんのあとにデザートで食べるっていった。おばあちゃんが、そうちゃんはやさしいってうなずいた。いわなかったけど、そう思ったんだと思う。ぼくはそう思ったもの。

　今日、『えもの』は台所でおばあちゃんとおやつを食べた。ホットドッグだ。のみものは牛乳だ。『えもの』はトマトケチャップをソーセージにぬった。おばあちゃんは、からしをぬった。二人でモグモグおいしそうに食べて、牛乳をゴクゴクのんだ。二人ともなにもいわなかったけど、てれくさそうにうなずいてた。おいしいねぇっていってるんだってわかった。

　おばあちゃんが、ママが帰ってくる少し前に桃をれいぞうこへいれましょうっていった。あまりひやしすぎてもせっかくのあまみがきえるんだって。『えもの』は、リビングでまたゲームをはじめた。おばあちゃんになれたみたいに見える。

　ハンバーグのゆうしょくのあと、おばあちゃんが桃の皮をむいた。よくじゅくしてるって、『えもの』とママと自分の前に一個ずつおいた。白くて大きくて、あまそうなしるがにじんでいる。

『えもの』もおばあちゃんもママも両手で桃をもちあげた。せーの！で、やわらかな桃にかぶりついた。

　今だ！ってぼくも思った。

ぼくも、三人といっしょに『えもの』のほっぺにかぶりついた。牙がおれるかもなんて考えもしなかった。むちゅうだったんだ。ぼくの牙がやわらかなほっぺにつきささる。うーん。こうふんして体中がふるえそうだ。このかんじ！　たまらなくゾクゾクする。チュと血をすった。

「あまーい」

桃にかみついた『えもの』とママとおばあちゃんが、いっしょにそういった。

さっさとにげながら、ぼくも、あまーいっていいたかった。『えもの』の血はあまかったような気がする。

ほんとは、あじがよくわからなかった。でも、あまいと思ったんだ。

『えもの』が、

「おばあちゃん、蚊《か》にさされた」

っていった。あまえた声だ。はじめて、おばあちゃんってよんでた。おばあちゃんは、うれしそうに、あらあらお薬つけましょねっていった。

さされたじゃない。くわれただ！

とにかくぼくのデビュー戦は大せいこうだった。父上と母上とおじい様がよろこんでくれた。」

本を読む

広がる日記

岩瀬成子

子供の頃、日記帳を買って日記を書こうとしたことが何度かあった。どのときもひと月も続かなかった。手元に残っているのは高校二年のときの、表紙に雑誌から切り抜いたビートルズの写真をべたべた貼った日記帳代わりの大学ノート一冊だけだ。それも二か月足らずで終わっている。

去年の秋、メイ・サートンの『70歳の日記』[1]を読んだ。数年前、七十前後のときにこの本を買ったのは、年齢が近い作家の日記を読みたかったからだろう。

雪深いメイン州に暮らすサートンの日記は一九八二年五月三日から始まる。毎日のように友人の訪問を受け、詩の朗読会に出かけ、雪が消えたあとはほぼ毎日、広い庭に出て土を作り、花を植える日々が記されている。友人たちからの手紙に返事を書き、小説や詩を書く。書いている小説のこと、老いた友人への思い、社会への関心。愛犬、愛猫と暮らすサートンの日々は穏やかで知的で充実している。七十を過ぎても相変わらずぼーっと軽薄な日々を送っているわたしと共通するものは何もないのだった。

園芸に熱をあげる作家といえばカレ

『70歳の日記』
メイ・サートン 著／榊原紫峰 カバー画
幾島幸子 訳／みすず書房／2016年

ル・チャペックで、『園芸家12カ月』[2]には喜々として庭仕事に励む日々が記されている。これは日記ではないが、月ごとのなすべき仕事や植物への思いが熱く、思慮深く書かれている。

たとえば「1月の園芸家」の章には「園芸家は、石のようにかちかちになった、死んだような土の中で寒さにふるえている根を思い、からからに乾いた氷のような風が、骨の髄までしみこんでくる枝を思い、秋のうちに持物全部をふところにしまいこんだまま、こごえるように寒がっている球根を思う。」と記される。庭仕事は一日も休めない。土を耕し、種を播き、肥料をやり、移植し、挿し木し、剪定し、支柱を立て、枯れ葉をまめに取り、害虫を取る。そして美しい花が咲くと有頂天になり、よその庭の花が気になってしょうがない。心が休まる暇がない。熱に浮かされたように庭や畑仕事に熱中する日々は幸福感に満ちている。

この本の原書が出たのは一九二九年で、当時チェコの流行作家であったというチャペックは、いったいいつ童話や小説を書いていたんだろう。

チャペックが亡くなったのは一九三八年だった。その翌年、一九三九年九月からアストリッド・リンドグレーンの『リンドグレーンの戦争日記　1939―1945』[3]は書き始められる。

『リンドグレーンの戦争日記
1939—1945』
アストリッド・リンドグレーン 著
石井登志子 訳／岩波書店／2017年

ストックホルムに夫、息子、娘と暮らすリンドグレーンは三十二歳で、事務員として働いていた。子供の世話や家事もこなしながら、新聞を丹念に読み、戦況を伝えるラジオ放送を聞き逃さず、家族の日々も細かく記す。第二次大戦中の北欧の状況をほとんど知らなかったわたしは、ノルウェー、デンマーク、フィンランド、そしてスウェーデンの人々が戦時下をどう生き抜いたのかも知らなかった。当時スウェーデンは中立国であったものの、ドイツとロシア（ソヴィエト連邦）からの侵攻を恐れていた。リンドグレーンはその不安な日々を、自分と家族が生きている証として日記を綴ったのかもしれない。生き延びることを心に誓って。

　四一年十一月五日の日記には「ヨーロッパは飢えている。アテネには食べるものがなんにもないと、昨日の新聞に載っていた。フランスでは人びとはできるだけ野菜を食べようとしている。ドイツは奪い取れるものはすべて奪い取っているにもかかわらず、相当厳しいようだ。」と書かれる。

　ヨーロッパの戦況を毎日追いつづけ、各国で政変が起き、爆撃で多くの人々が殺され、街々も破壊され、多くの難民が苦境にあることを細かく書き記していく。こんな戦争がいつまで続くのかと苦しみ、嘆く。

「結局物事というのは、いつ何時崩壊するかわからない。

　私自身の生活が、大きな音をたてて崩壊したように。」（四四年八月二日）

　それでもリンドグレーンはなんとか日常を維持し、楽しみを見いだそうとする。日記を書くことがその助けになったのかもしれない。そういう日々の中で、四四年に「長くつ下のピッピ」は書かれた。紙挟みに綴じた原稿を十歳になった娘カーリンへの誕生日プレゼントにしたのだ。そして翌四五年、この作品は出版された。

　リンドグレーンが憎みつづけたドイツで、戦時下、自著が焚書処分を受け、身動き取れない状況下にあったのがエーリヒ・ケストナーだ。ケストナーが書いた『終戦日記一九四五』[4]には、戦争末期のベルリンとオーストリアの小さな村で生き延びた日々が記されている。

「国は破壊されたアリ塚同然で、わたしは右往左往する数百万のアリの一匹だった。わたしは日記をつけるアリとなった。」。そして状況を概観するのではなく、その時々を捉えた「スナップショット」の手法で日記を書いていく。

　ドイツ各地が爆撃を受ける中、ケストナーはベルリン脱出を試みるが、出版禁止中の作家には許可が下りず、三月になってもベルリンにとどまっていた。そしてやっとのことで、友人の企

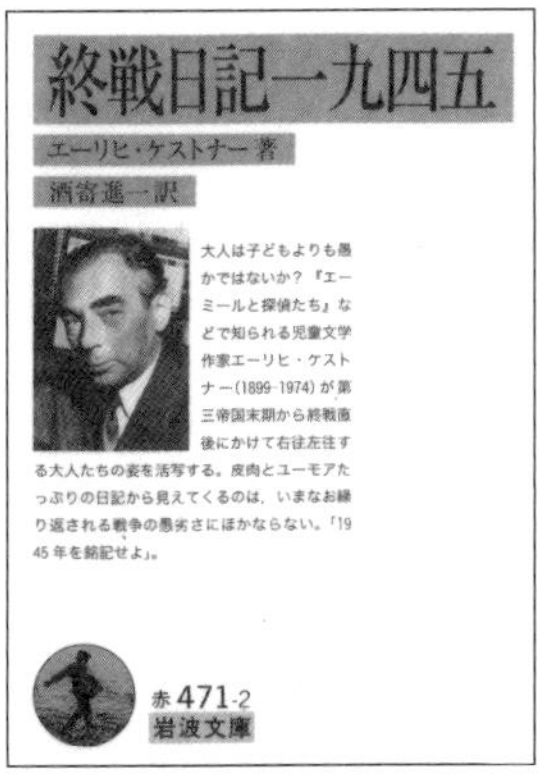

『終戦日記一九四五』
エーリヒ・ケストナー 著／酒寄進一 訳
岩波文庫／2022年

画した映画製作（架空のプロパガンダ映画）の一員になりすましてオーストリアへの脱出を果たす。

　一行は、食糧難に苦しむ村では歓迎はされなかったものの、なんとか生き延びる。けれども戦況がまるでわからない。それまでもそうだったようにドイツのラジオ放送は信用できないので、つながりにくい電話をかけ、届くかどうかわからない手紙を書く。アメリカ軍の攻撃はどこまで拡大しているのか、ドレスデンにいる母は無事なのか。

　ヒトラーが自殺したのは四月三十日だったが、五月一日の日記には「ヒトラーが危篤だという話だ。ゲーリングはアルプスのどこかの別荘で子どものオモチャに興じ、ぶつぶつひとりごとを言っている。」とある。そして三日になって、「新しいうわさ。（略）ヒトラーとゲッベルスが自殺したと断言した。いまのところ一番信憑性がある。」と記した。

　ドイツ降伏のあとフランスで起きた、反ナチの人々を含めたドイツ国民への非難に対して、「あなた方はわたしたちを『別の』ドイツと呼ぶ。誉め言葉だと言える。けれどもわたしたちを賞賛するのは、もっとうまく非難するためだ。この別のドイツがヒトラーによってまず、そして長らく占領され、苦しめられた国であったことを忘れたいということか。全体主義国家では力の有無がはっきり分けられていたことを、あなた方はご存じなかったのか。わたしたちに暗殺する能力がないと言って非難するのか。」と書く。

「一九三四年九月、わたしがはじめてゲシュタポに逮捕され（略）取調室に連れこまれたとき、中にいたひとりが愉快そうに言ったものだ。

『やあ、エーミールと探偵たちが来たぞ！』

　他の連中もその言葉にげらげら笑った。」（四五年五月二十二日）

　ケストナーの筆は冷静だが、ヒトラー政権下での苛立ちや先が見えない焦燥感も書かれているし、ドイツが無条件降伏をしたあと豹変する人々への不信も書かれる。大きな混乱と受け入れがたい大量殺戮と破壊の中で、日記を書くことは理性を保つためだったのかもしれない。


　日記文学を考えるとき、まず頭に浮かぶのは、やはりたくさんの愛読者をもつ武田百合子の『富士日記』[5]だ。夫の武田泰淳に勧められて書き始めた日記は昭和三九年（一九六四年）から五一年（七六年）まで続く。おもに富士山麓の山荘での家族との日々が淡々と記されている。他人に読まれないことを前提とする日記に何を書くかは人それぞれだとしても、大方は、何をして、どんな心持ちになったか、あるいは気になっていることや悩みなど、自分のことばかり書いてしまいがちだが、武田百合子は自分のことも書きながら周囲にも同等の関心を向け、平らな透明な目でさあっと見て、そのままを記している。おおらかで柔らかい心がそのまま表われている。詩的だと評する人、稀な文章家だと称える人もいる。わたしはその人柄に魅せられる。

「朝　ごはん、かれい煮付、ぎんなんを煎って食べる。

　テラスの椅子で、ぎんなんを食べながら、主人眠りはじめる。原稿が終ったあとなので、まぶたがぴくぴく動く。

弱々しい顔つきでねている。

昼　ごはん、けんちん汁、とりのささみつけ焼、白菜漬物。

主人の髪を刈る。体が揺れるので刈りにくい。顔も剃る。

風呂をわかして主人入る。頭を洗う。背中もお腹も体中洗う。そのあと寝室へ入って本格的に眠る。眠るまで背中をさする。すぐ眠ってしまった。

隣りへぎんなんをわけに行く。二合目の紅葉が今盛りだと、隣りにきている植木屋が言っていた。」（昭和四五年十月二十四日）

「帰り、スタンドで売っている山芋を買うと、おじさんは『タダでやる』といってきかない。わるいから、なめ茸の瓶詰二個、ごぼう味噌漬など、買ってしまう。すると今度は、おでんを二皿『タダでやる』と言う。タダで食べる。おじさんは、そばに椅子を持ってきて腰かけて話をする。」（昭和四十年十月二十五日）

武田家の山荘近くに、やはり山荘を持っている大岡昇平夫妻との交流も書かれる。

「夕飯のあと、主人は急に『大岡のところへ行く』といいだした。私が、さっきビールを御馳走になって、こんな話をした、といったので、自分も行きたくなったらしい。猫を家の中によび入れて出かける。夕焼が少しして、気持のいい風が吹いている。白い月が出ている。また、ビールを御馳走になる。いろいろ、話をしているうちに大岡さんは主人をしげしげと見ながら、げらげら笑う。

『笑っちゃ悪いけど、おかしい。武田が糖尿病かあ。何だかおかしいなあ』。私もおかしくなって笑ってしまう。

『俺だっておかしいや』と、主人も笑っている。」（昭和四七年六月二十一日）

ずうっと読んでいたい。武田百合子には『遊覧日記』[6]という随筆もあって、何度読んでも、その眼差しに感動する。

この大岡昇平の『成城だより』[7]は一九七九年から八五年までの日記だが、その文体について加藤典洋は解説の中

『富士日記』新版（上・中・下）
武田百合子 著／武田泰淳 カバー画
中公文庫／2019年
書影は上巻

で、すぐれた日記文学である、と書いたあと、「その『堅実な文体』が、八〇年代になり、大岡にどこからやってきたのかは、よくわからない。わたしの頭に浮かぶのは、武田百合子による『富士日記』の存在である。」と書いている。

読み終えるのが難しく、いまだ下巻に達していないのがアンディ・ウォーホルの『ウォーホル日記』[8]だ。書いたのは秘書のパット・ハケットで、ウォーホルが前日何をしたかを直接聞いて、細かく書き留めたものだ。なんというか、あまりにもきらびやかな日々である。一九七六年から八七年の死の直前までの膨大な記録なのだが、作品制作については「午前中仕事をした」程度の記録しかなく、あとは各地、各国で開かれる展覧会や、夜ごと招待を受けて出かけていくパーティーのことが細かく書かれる。どの場でもたくさんの著名人と会う。ミック・ジャガー、ダスティン・ホフマン、ヨーコ&ジョン・レノン、ジャック・ニコルソン、ウォーレン・ビーティ、デニス・ホッパー、フランク・ステラ。かと思えばアンドリュー・ワイエス。ノーマン・メイラーの家をトルーマン・カポーティと共に訪れたり。そういう人たちとの面白すぎる日々ではあるのだが、読んでいるうちに次第に胸やけ気味となり、うわあ、今日はここまでにしようと中断してしまうのだ。

そのようなきらきらした日々の対極にあるのが内田百閒の『百鬼園日記帖』[9]で、大正六年（一九一七年）から十一年（二二年）まで、百閒二十九歳から三十四歳までの日記である。なぜ読むのがやめられないんだろうと思いながら読みふけった。率直さでもない、正直さというのでもない、揺るがない心棒のようなものが全体を貫いていて、それが自身への眼差しと日々の生活への眼差しとを等距離に保っている。日記帳の初めには「心の表を通り過ぎる印象、心の底から消えて行く記憶を此帳面に残す。」とある。

「新年になつて、三十になつてうれしいと思ふ。けれども新年といふものは無用で有害なものである。新年といふものがなければ去年の新年に、今年は二十九だからいけない、死にさうだ、暗い気持がするなどと考へはしなかつた。其の年頭の暗示の為に一年間苦しめられるわけもなかつた。

新年は社会の病気である。」（大正七年一月二日）

大正八年五月の「六日夜十時、——昨夜と今日と二日丸潰れになつてしまつた。一昨日書きかけた『盡頭子』も途中止めになつたままだし、昨日すぐに書いて置かうと思つた『件』の腹案もまだ何だか少し気が抜けた様な気がする。金の事で時間をつぶして、気乗りのしかけた仕事の鼻を折られるのはしょっちゅうの事だけれども、考へてゐると新しく腹がたつて来る。むしゃくしゃして仕様がない。少し頭が痛くなつて来た。」の中の「盡頭子」と「件」は、大正十年に刊行された最初の短編集『冥途』に収められた。

小さい借家住まいだった百閒は祖母、母、妻、子供三人を養わなくてはならず、二つの学校でドイツ語を教えているものの常にお金に困っている。毎日のように金策に歩きまわり、師であった漱石の原稿の校正に追われる。でありながら卑屈になることなく、銀座でアイスクリームを食べたり、ビールを飲んだり、友人たちと料理屋に出入りする。その毎日を読んでいると、百閒をどんどん好きになる。

　同じ年の十月。「四日、土曜。金がない、五日の払ひ、電燈料、税金などなんにもあてがない。午後から曽根の内へ行く。ただ金のない不安をまぎらす為。夜帰る。」。

　ただただ百閒を尊敬する。

　そういえば、夢日記を書いたことがあった。わたしは毎夜夢を見るので、それを書き留めておこうと寝る前に枕元にノートを置いておき、目覚めてすぐに書いていたのだが、二週間ぐらいしか続かなかった。夢日記を書いてみようと思ったのは、つげ義春の「夢日記」（『つげ義春とぼく』[10]所収）を読んだからだと思う。

　つげの夢には猥褻な場面が結構出てくるのだが、「昭和五一年一月二〇日　今江祥智氏と対談することになった。（一度も会ったことのない人）

　今江氏と女性が訪問してきた。女性は田山麻理さんのようだが、マキにもよく似ている人。今江氏は半ズボン姿。その格好をみて、自分もパンツ姿になり、ズボンのボタンのとれているのを修す。今江氏も半ズボンだから失礼ではないだろうと思う。」と、突然今江さんが登場したので、わたしは大発見をした気になって、今江さんにお会いしたときにその話をした。今江さんはべつに嬉しそうな顔もされなかった。

　深沢七郎の『言わなければよかったのに日記』[11]は、「ボクは文壇事情を知らないから時々失敗してしまうのだ。

『知らないっても、アナタは常識程度のことさえ知らないからダメだよ』

と、よくヒトに云われる程知らないのだ。（早く一人前にならなければ）」から始まる。

「◇三度目に井伏先生と山梨へお供した時だった。

『この前、あなたの兄さんに、自動車でお世話になりましたから、これを』

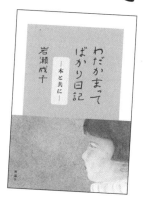

と云って、何か土産物を手に持っているのである。

『そんなことをしては、困ります〳〵』

と、私は大声を出してしまった。そうすると、

『あゝ、そうですか』

と云って、先生は仕舞ってしまったのでこれも驚いた出来事だった。顔色を伺うと、怒っているでもないらしいのだ。（作家というものは正直なものだ）と思った。それから（ボクも、こんなふうに、正直に、これからは）と思った。それから（この先生は、人の云うことは皆信ずるのだ）と思った。つくづく（こんな美しい心の、いい人間は）と思った。」。

　心のままに、なんて美しい文章だろう、と思う。

　日記形式の物語の本の大傑作、長新太の『ヘンテコどうぶつ日記』(12)、佐野洋子の『みちこのダラダラ日記』(13)も好きだ。もちろん長さんの絵も沢野ひとしさんの絵もすばらしい。

『ヘンテコどうぶつ日記』
長新太 作・絵／理論社／1989年

『みちこのダラダラ日記』
佐野洋子 作／沢野ひとし 絵／理論社／1994年

本文中で紹介した、筆者が読んだ日記の本

(1)**『70歳の日記』**
メイ・サートン 著／榊原紫峰 カバー画／幾島幸子 訳
みすず書房／2016年

(2)**『園芸家12カ月』**
カレル・チャペック 著／ヨゼフ・チャペック カバーイラスト
小松太郎 訳／中公文庫／1975年

(3)**『リンドグレーンの戦争日記 1939-1945』**
アストリッド・リンドグレーン 著／石井登志子 訳
岩波書店／2017年

(4)**『終戦日記一九四五』**
エーリヒ・ケストナー 著／酒寄進一 訳／岩波文庫／2022年

(5)**『富士日記』（上・中・下）**
武田百合子 著／武田泰淳 カバー画／中公文庫／1981年

(6)**『遊覧日記』**
武田百合子 著／武田花 写真／ちくま文庫／1993年

(7)**『成城だより』（上・下）**
大岡昇平 著／講談社文芸文庫／2001年

(8)**『ウォーホル日記』（上・下）**
パット・ハケット 編／中原佑介、野中邦子 訳／文春文庫／1997年

(9)**『百鬼園日記帖』**
内田百閒 著／論創社／1981年

(10)**『つげ義春とぼく』**
つげ義春 著／晶文社／1977年

(11)**『言わなければよかったのに日記』**
深沢七郎 著／中公文庫／1987年

(12)**『ヘンテコどうぶつ日記』**
長新太 作・絵／理論社／1989年

(13)**『みちこのダラダラ日記』**
佐野洋子 作／沢野ひとし 絵／理論社／1994年

広瀬克也

みんなあつまれ！妖怪ぬりえ

妖怪横丁の妖怪達が、ぬりえになりました！

人気もの妖怪、へんてこ妖怪、なぞの妖怪
海であう妖怪、山であう妖怪、
家の中にいる妖怪、つくもがみ・・・
たっぷり 48 ページ！

48P 250×220mm
ISBN978-4-87110-519-4
定価1,100円(税込)

なぎちゃんが なんで にんじん のこしたか

ネコリ・ハコリ

大阪弁が小気味良い、注目のデビュー作！

お弁当のにんじんをのこしてしまったなぎちゃん。
おかあちゃんに、その日おきたできごとを語り
はじめます。摩可不思議な展開、まさかの結末に
笑顔がこぼれることまちがいなし！

大阪弁で小気味良く、臨場感あふれるなぎちゃん
の語り口。注目は聞き上手なおかあちゃん。
ネコリ・ハコリさんの、軽やかなデビュー作です！

32P 260×190mm
ISBN978-4-87110-524-8
定価1,540円(税込)

絵本館 〒167-0051 東京都杉並区荻窪 5-16-5 TEL.03-3391-1531 / FAX.03-3391-1533
https://ehonkan.co.jp
info@ehonkan.co.jp

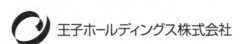

絵本

松田素子

子ども100%・無添加の強さ

『いちごになりました』
鬼頭祈 さく
福音館書店／2024年

読み終えて、ポカンとした。呆気にとられて、フフッと笑った。そしてもう一度、最初からページをめくった。二度目に読んだ時「ああ、これだったのかも……」と思った。私が見たかったのはこういうものだったのかもしれない。

作者はちゃんと大人なんだけど、この絵本は、子どもの発想力をそのまま絞ってできているように感じる。いわば「子ども100%・無添加！」。その純度が呆れるほど高い。

大人である作者の工夫や努力、あるいは企みのようなもの——そういうものを、目の前のこの絵本は全く感じさせることなく、あまりに素直に、理屈なんて関係ないも〜んとばかりにどんどん展開していくので、私はちょっとびっくりした。

とはいえ、この作品は、ただ手放しで自然にできたんじゃないと私は確信している。同じ作者の他の絵本を見て改めてそう思う。誕生するまでにはそれなりの過程や試行錯誤があったはずだ。その経過を、作者だけでなく、私は編集者にも聞いてみたい。

受けを狙ったり、意図が透けて見える添加物を加えた味ではなく、凝ったこだわりの味でもない。でもおそらく考えるべきことは考えぬかれて、ここに着地したんだろうと思う。絵は、その無造作な線に一種の妙がある。それも選択されたものだろうし、この作品にはぴったりだ。

その結果として「こういう絵本が食べたかったんだ」と思うような本を味わえて、私はとても嬉しかった。

『いろいろたべもの』
内田有美 作・絵
偕成社／2025年

いろんな形のシルエットに「なーんだ？」と問いかけられて、めくればそこには同じ色の食べものたち。シンプルな展開。リアルな絵。でも写真では、この温かさはきっと出ない。気品のある美しさと楽しさが両立している。

『巨石運搬!
——海をこえて大阪城へ』
鎌田歩 作
アリス館／2024年

大阪城の石垣の中にはとてつもなく大きな石が組み込まれている。その石がどうやってそこまでやってきたのか。この絵本でそれを目撃できる。今のような重機もない時代の人々の力の結集と技術のすごさにただただ驚いた。

『ミツツボアリをもとめて
——アボリジニ家族との旅』
今森光彦 文・写真
偕成社／2024年

「世界は徒歩で旅する者にその真実を見せる」という言葉を聞いたことがある。オーストラリアの大地のどこかにいるという蟻を求めて原住民の家族とともに歩いた著者は、蟻だけでなく、もっと深い真実と出会ったのだ……。

BOOKS 2
児童書
加藤純子

シュルレアリスムの豊潤な世界

『カフェ・スノードーム』
石井睦美 文／杉本さなえ 絵
アリス館／2024年

うつくしく繊細な描写で描かれたこの作品は非常に寓意的である。夢だったのか、あるいはそこにある不思議は確かにあったのではというメタフィクション的な物語。それがふくふくとしたうつくしい文章で豊潤に描かれているのだから読者は思わず惹きつけられる。古びて重たそうな扉を開けると、そこにある「カフェ・スノードーム」。その中はまさに異界そのものである。ただし、その異界に入れる人は限定される。心の中にコツンとした何か小石のようなものを抱えている人。

ここはカフェでもない、図書館でもない、楽器屋さんや、宝石屋さんでもない。そこにいるのは、丸々と太った「タマルさん」という女性が一人。その彼女が淹れてくれたお茶を飲んだとたん心が解放され、思いきり涙が流れ、気がついたらさっきまで胸の中にあった悲しみが消え自分がいるのは自分の家。そんな5篇の短編が入っている。

これらの5篇はある意味『不思議の国のアリス』でアリスが様々な出会いから「不思議」を体感していく営みにも似ている。自分の過去と向き合い、いま必要な言葉と出会う。そんな不思議な体験と。

中でも印象的な表現が「古い木がぶどうを実らせるには、苦しみがともないます。けれど、その苦しみこそがよいぶどうを作るのです」。ユングの唱えた「普遍的無意識」を連想するような言葉。そんな隠喩をこの作品はうつくしい文章で示唆している。

『あたたかな手
――なのはな整骨院物語』
濱野京子 作／オカヤイヅミ 装画
偕成社／2025年

「なのはな整骨院」は地域の様々な痛みを抱えた人たちが治療にやってくる場所。新人柔道整復師の春哉は人と出会うたび外傷だけではなく内側に隠された痛みに気づく。その緩やかなつながりは彼の心をも癒してくれる。

『おおなわ跳びません』
赤羽じゅんこ 作／マコカワイ 絵
静山社／2024年

足にハンディのある双葉が学校行事のおおなわ大会を見学するという。それは自分が出ることでクラスに迷惑がかかるという配慮から。そこから巻き起こる級友たちの迷いや悩みの深め方、解決方法の見事さに感嘆する。

『ぼくのはじまったばかりの人生の
たぶんわすれない日々』
イーサン・ロング 作・絵／代田亜香子 訳
すずき出版／2024年

何をしても面白いことがない。両親の離婚。父親の病気。希望など一つもない。教師が提案してくれた補習の時間や友人との自転車乗り。それらから微かな生きる力をもらう。くじけそうになる読者に勇気をくれる本だ。

飛ぶ教室の本

「飛ぶ教室の本」のラインナップは、こちらをご覧ください。

特別? なんでもない?

6人の個性豊かな誕生日を描いた、心あたたまる連作短編集

6つのバースデー・ストーリー

❶ 誕生日が一日違いのいとこ同士
❷ 誕生の日の思い出を父にきく高校生
❸ 誕生日に突然の腹痛に見舞われた青年
❹ 自分で自分の誕生日を祝う小学生
❺ 祝いたいのに祝わせてもらえない高校生
❻ ケーキ職人とケーキ屋になりたい小学生

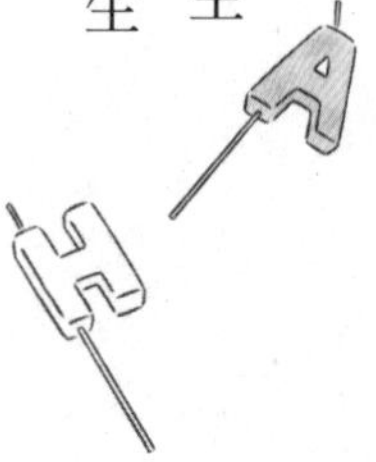

『今日も誰かの誕生日』
二宮敦人 作 中田いくみ 絵

四六判(188㎜×128㎜)/164ページ/並製本
定価:1,540円(税込)/ISBN978-4-8138-0668-4

光村図書
〒141-8675 東京都品川区上大崎2-19-9 Tel 03-3493-2505 Fax 03-3493-7080
E-mail:shoseki-hanbai@mitsumura-tosho.co.jp www.mitsumura-tosho.co.jp

BOOKS 3

YA
岡田貴久子

天才「神」をめぐる少女たちの物語

©降田天

『少女マクベス』
降田天 著／wataboku 装画
双葉社／2024年

挑むようにこちらを見据える表紙絵の少女は、『クイーンズ・ギャンビット』（米国配信のドラマ／2020年）のヒロインに似ている。生意気で不安定なチェスの天才をアニャ・テイラー=ジョイが演じた。才の眩さと幼さの残る昏い目が胸に残る。本書もまた、天才をめぐる少女たちの物語だ。

舞台は演劇に携わる人材を育成する教育機関「百花演劇学校」。全寮制の女子校で、高校にあたる3年間を演劇の勉強に費やす——この設定だけで波乱の幕開けを予感するところ、果たして事件は起きる。学内一の天才「神」と崇められた設楽了が、自ら手がけた定期公演「百獣のマクベス」上演中に奈落に落ちた。不幸な事故死と処理されるが、翌年、「了の死の真相を調べに来た」と公言する新入生・貴水の出現を発端に、物語は一気に動き出す。天才への羨望と嫉妬。謎解きが進むにつれ、主役級の3魔女を演じた3人それぞれの秘密と闇が明らかになる。貴水の調査に半ば強引に巻き込まれる了の同級生・さやかは唯一、了を神と認めないが、万年2位の葛藤に心は常に揺れ動く。真相は終盤まで明かされず、随所に差し挟まれた本家『マクベス』の台詞が羅針盤のように物語の針路を示す。

王道の青春学園ミステリは成長物語とも読めるが、それは物わかりの良い大人になるということではない。演劇への愛と、そこに生きる少女たちの無謀で過剰な情熱への敬意が全編を貫いている。

『女の子たち風船爆弾をつくる』
小林エリカ 著・装画
文藝春秋／2024年

東京宝塚劇場竣工の翌年、「わたし」と一人称で描かれる複数の少女が小学生になる春に小説は始まる。やがて戦争が日常を奪い少女は劇場で爆弾を作る羽目に。加害者となる「わたしたち」の悲哀を声たちが重層的に語る。

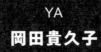

『とるに足りない細部』
アダニーヤ・シブリー 著／山本薫 訳
坂内拓 装画／河出書房新社／2024年

小説は二部構成でパレスチナの時空を往き来し、半世紀前のアラブ人少女殺害事件から現在進行形のガザの苦境を捉え直す。後半で少女の声に語り手が耳を澄ます、その細やかさにさえ命を賭さねばならない現実に震撼する。

『嘘つき姫』
坂崎かおる 著／はむメロン 装画
河出書房新社／2024年

2020年、『リモート』でかぐやSFコンテスト審査員特別賞受賞以来の選りすぐり9編収録の短編集。生き辛さを抱く少数者が主要な登場人物で、物語の多くは不穏を孕むが同時に一片の救いを残す。明晰な文章に力がある。

BOOKS 4

大人の本
穂村弘

名前の由来が凄かった

『地球と書いて〈ほし〉って読むな』
上坂あゆ美 著
とんだ林蘭 カバービジュアル
文藝春秋／2024年

『地球と書いて〈ほし〉って読むな』は、歌人でもある上坂あゆ美のエッセイ集である。頁を開くと、想像を超えた家族のエピソードが次々に飛び出してくる。例えば、小学校のイベントで、自分の名前の由来を親に聞いてくる、という宿題が出た時のこと。母親の答えは、こうだったらしい。

「あんたが生まれるとき、ママが付けたかった名前を候補としてたくさん出したんだけど、パパが『その名前の女は体が弱かった』『その名前の女は性格が悪かった』とかなんとか言って全部却下しちゃったの。それでも名前決めないといけないから、たくさんたくさん名前を挙げて、全部却下されて、最終的に『アユミは？』って聞いたら『そんな名前の女は知らない』って言って、アユミになった」

子どもの名づけにはパターンがある気がするけど、これは今までに聞いたこともない由来だ。でも、学校では発表しにくい。でもでも、面白い。あまりのひどさに爽やかな感じさえする。母や姉も父に劣らぬ個性の持ち主で、そんな家族に揉まれて「私」はユニークな精神の持ち主になったようだ。ちなみに、この父は後に「私と姉のお年玉貯金のすべてを持ってフィリピンに逃亡した」らしい。このエピソードに付された短歌が秀逸だ。

クズも死後神になれると知ってから
餃子のタレが輝いている

『ヤナギホールで会おう』
ユズキカズ 著
青林工藝舎／2022年

2024年に亡くなったユズキカズの作品集である。南国の植物や動物の生命力が街を覆ってゆくような感覚が魅力的。

『破獄』
吉村昭 著
新潮文庫／1986年

「昭和の脱獄王」白鳥由栄をモデルとした小説。世の中にはさまざまな適性をもった人間がいることを痛感させられる。

『電線の恋人』
石山蓮華 著
平凡社／2022年

「電線の恋人」を自認する著者の愛情が炸裂した一冊。電線の描かれ方によって漫画やアニメを分析するパートが興味深い。

定期的にワイエスの絵画状態になるおばあちゃん

戦時下、野良猫のような目をした双子が初めて会った粗暴な『おばあちゃん』に預けられ、「体を鍛えるための訓練」と称してお互いを殴り合う。彼らは汚れた顔でこちらをじっと、ただ見つめてくる。原作は一九八六年に刊行されたハンガリー出身のアゴタ・クリストフの『悪童日記』。世界的ベストセラー小説ですので読んだ方も多いかと思います。架空の（ハンガリーと思われる）国でしたたかに生き抜く双子が、周囲の人々の醜く哀れな様子をノートに淡々と書き記していくといった手法で、発売当時に高校生だった私は「これは自分のための小説だ！」くらいの勢いでハマったことを覚えています。純粋で冷ややかな目線で貫いた語り口は、そのカリスマ性から映像化することは不可能と言われ続けていましたが、二〇一三年にクリストフと同じハンガリーの監督ヤー

ノシュ・サースのもと満を持して撮られたのがこの作品です。主役を演じた冷たい目を持った双子は、演技経験ゼロ、原作さながらブダペストから離れた貧しい村で複雑な家庭環境のもと暮らしていたそうで、彼らの演じない演技に対してプロの俳優たちが合わせるのに苦労をしたというのも面白いエピソードです。季節の移り変わりも、本人たちの感情の起伏もよくわからないまま進んでいくので、もはや退屈。だけどそこがいい！笑。エピソード一つひとつはグロテスクなのだけれど、どこまでも寓話的なその雰囲気は、具体的に追えば追うほど一気に覚めてしまいそうで視覚化の匙加減が難しそうだなあと思いました。原作には続編がありますが、双子は結局、何だったんだろう。夢か現か……この映画もその謎めいた『大きなノート』の中の一つの要素なのでしょう。

DVD／デジタル配信中
『悪童日記』
2013年 ドイツ・ハンガリー

◎監督:ヤーノシュ・サース◎出演:アンドラーシュ・ジェーマント、ラースロー・ジェーマント 他 ©2013 INTUIT PICTURES-HUNNIA FILMSTÚDIÓ-AMOUR FOU VIENNA-DOLCE VITA FILMS

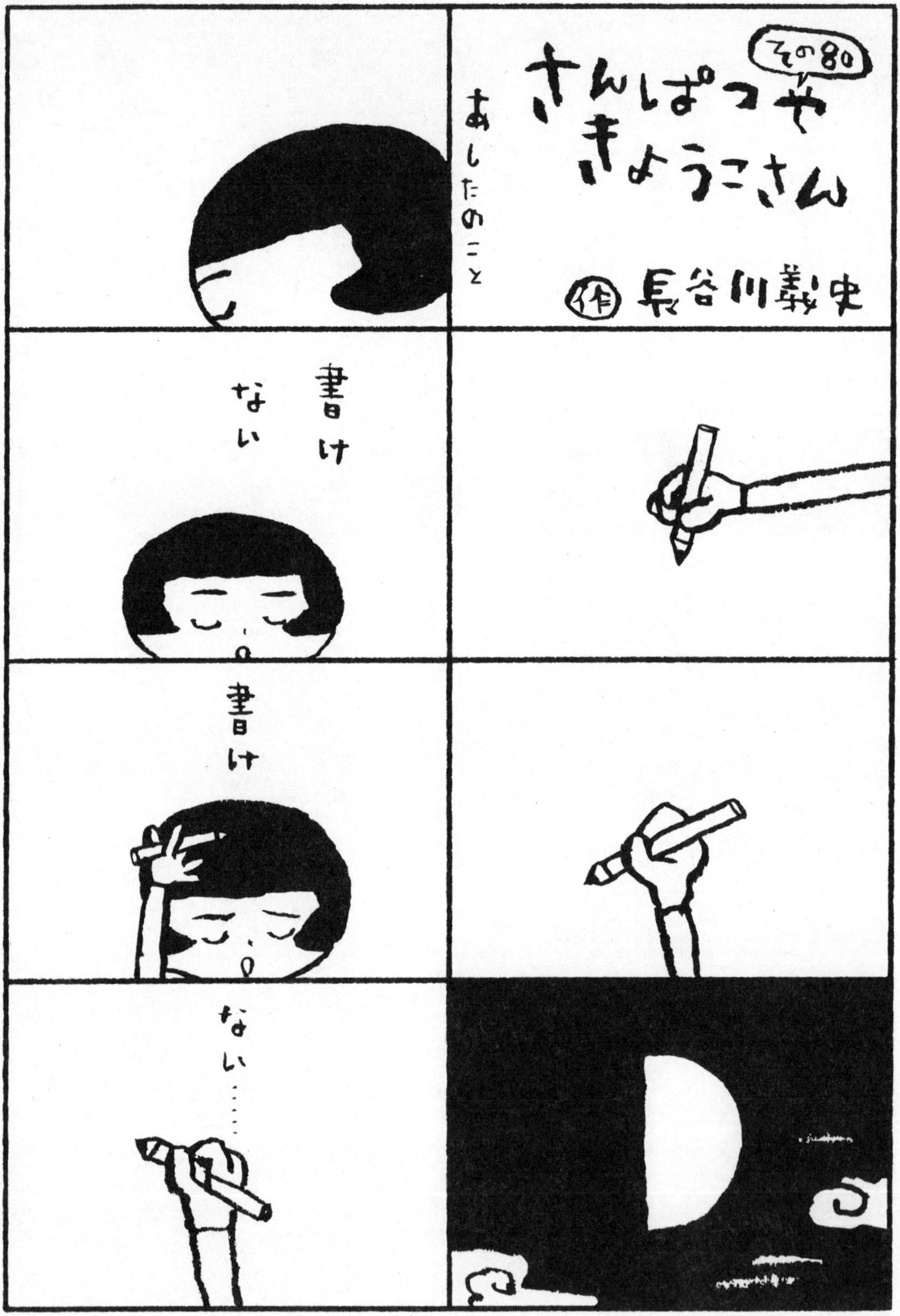
その80
さんぱつや
きょうこさん
あしたのこと
作 長谷川義史
書けない
書け
ない……

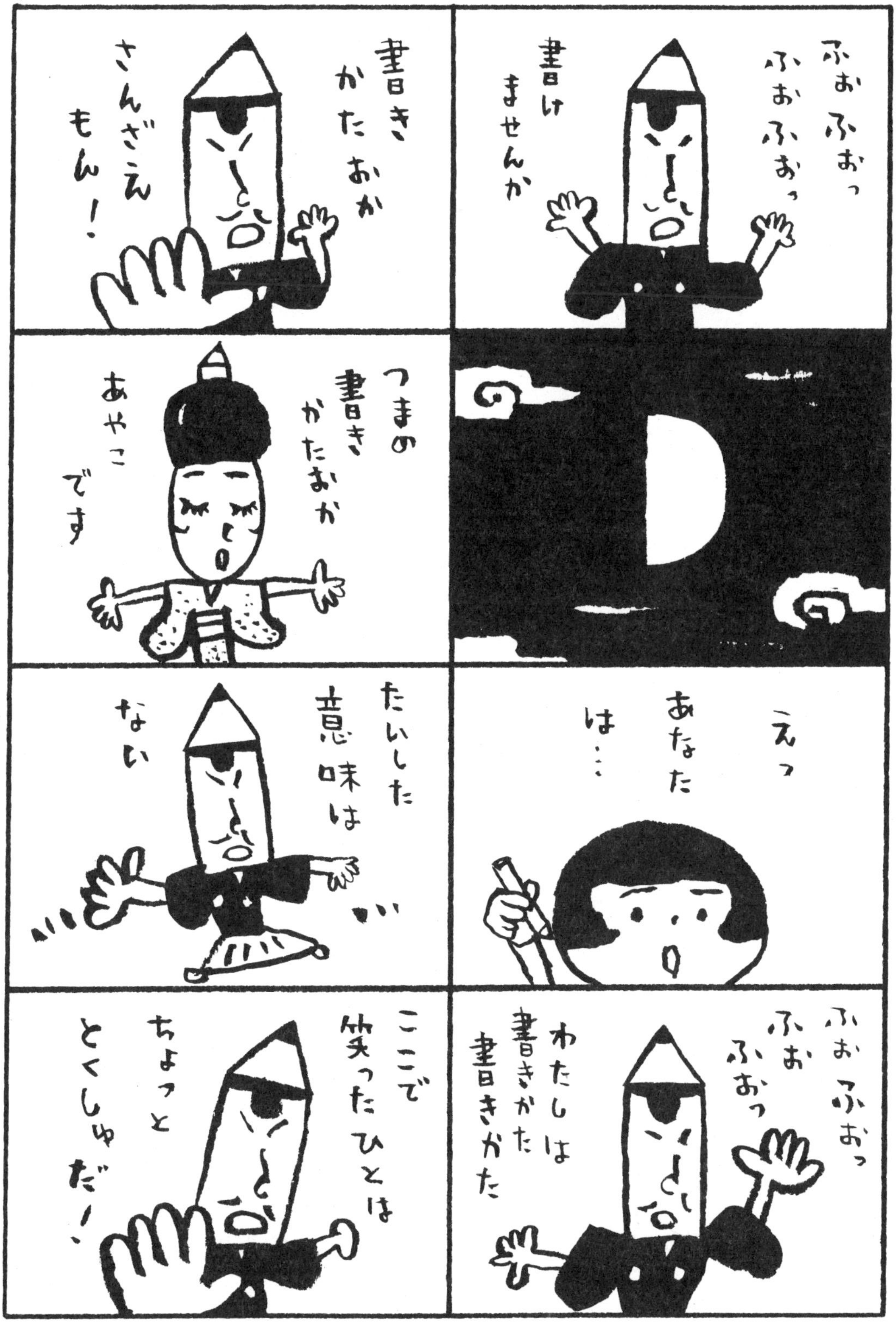
ふぉふぉっ
ふぉふぉっ
書けませんか
書き
かたおか
さんざえもん!
つまの
書き
かたおか
あやこ
です
えっ
あなた
は…
たいした
意味は
ない
ふぉふぉっ
ふぉ
ふぉっ
わたしは
書きかた
書きかた
ここで
笑ったひとは
ちょっと
とくしゅだ!

みなかた
です
ぽかん
えっ
みなかた
……
くまぐす
？
これこそ意味はない！
はなしを
もどそう
書けないのね
いいえ
えいじの
ほうです
はい
書けません
日記
が
書けません
4人
でも
トリオ
でした
かんたんなことを
今日
あったことを
書けば
よいのじゃ！

あしたのこと

今日のことはおぼえています
でも書けません
今日のことを書けば
それが日記じゃ!
もう夜があけるぞ!
おっ! 筆がうごいた
筆がうごいた!
書けます!
今日のことは書けんが
明日のことは書けるのじゃ
はやく書くのじゃ!
夜があけると今日になってしまいます
いそぎます

逃げる田中 7 最終回

石川宏千花

絵・小鈴キリカ

曽我以印から

田中さんが逃げている。

ある男子から。

ある男子は、決死の表情だ。絶対に逃がさない、という決意を、顔のみならず全身にみなぎらせながら、田中さんを追いかけている。

ある男子とは、曽我以印《そがいいん》のことだ。

これまでは、逃げている田中さんを追いかけてきた。

いまはちがう。

自分から逃げだした田中さんを、追いかけている。

あんな質問するんじゃなかった、という後悔《かい》を引きずりながら帰宅した夜。


以印は、【渦《うず》】【水素】【金属】【圧力】で検索《さく》してみた。

ほんのひまつぶし、気分転換《かん》のつもりで。

出てきた情報の中に、木星に関する記述があった。木星？　ぴかっと目が覚めたようになった。

木星は、太陽系最大の惑《わく》星だ。地球の三〇〇倍以上の質量を持ち、その周囲にはイオ、エウロパ、ガニメデ、カリストをはじめとする多数の衛星がまわっていて――といった基礎《そ》知識はどうでもよくて、以印が着目したのは、木星がガス惑星だという部分だった。

木星のほとんどは、水素とヘリウムからできており、中心部に岩石の核《かく》はあるものの、全体のほんの数パーセントの質量しかないらしい。

つまり、形は丸くても、地球のように大地はないのだ。中身はガス。ほぼ気体だ。そして、とても軽い。なのに、巨《きょ》大。

一方で中心気圧は大きく、内部では猛烈《もうれつ》な台風が常に吹《ふ》きあれている。木星の表面上に見えている縞《しま》模様は、こうした天候の特徴《ちょう》によるものだ。縞模様の中や境目には、渦模様もある。この渦がどうして存在しているのかは、判明していない。

このような状態なので、木星に近づくものは例外なく中心部に飲みこまれ、圧力でぺちゃんこになってしまうのだという。

水素もまた、圧力の影響《えいきょう》を受ける。気体から液体になり、より強烈な圧力のかかる内部では、金属状になっていると考えられているそうだ。

田中さんは、尋《じん》常じゃなく遠回りをして家に帰る理由をこう答えた。

自分の中に渦を作っておくためだと。

圧力のバランスがくずれると、自分の中の水素が金属になってしまう。そうならないためには渦が必要で、渦を作るには、毎日、一定の決まった距離《きょり》を歩くしかない。

木星に関する知識が蓄《ちく》積していくにつれ、以印は青ざめていった。

もしかして……いや、もしかしなくても、田中さんは本当のことをいっていたのかもしれない、と。

「待って、田中さん！　お願いだから！」

校門前の車道沿いの歩道をひたすら走り、幅《はば》の広い横断歩道を渡《わた》り、国道沿いの歩道もひた走り、歩道橋は駆《か》けあがり、必然的に駆けおりて、それでもまだ田中さんは逃げつづけている。

追いつけそうで、追いつけない。

赤信号やら、横切ってきた自転車やら、ゆっくり歩くおばあちゃんやらにちょいちょいじゃまされて、追いつきそうになると距離をあけられてしまう。

いまは、広大な空き地をかこむ鉄製のフェンスに沿って走っている。

「田中さーん」

話がしたいだけなんだ、とつづけて叫《さけ》びたいけれど、息が切れて名前を呼ぶのが精一杯だった。距離をあけられたまま、空き地に沿った人のいない歩道をさらに走りつづける。

いつもの以印なら、じつは宇宙人でして、という告白でも、宇宙人どころかもっと摩訶《まか》不思議なものなんですが？　という告白でも、なんだって受け入れられたはずだ。

あの質問のあとだったから、おかしなことになってしまった。

自分なりにタイミングを見計らって、いまなら、と思いきって口にしたあの質問。

『尋常じゃないくらいの遠回りをして家に帰るのは、なにか理由があってそうしてる？』

期待していたのはたぶん、こんな感じの返事だ。

『家にはちょっといづらくてな』

予想の範《はん》囲内の返事。それなら田中さんを助けられるかもしれない、と思える返事。

それなのに、田中さんはいつにも増して非現実的なことをいってきた。自分の中に渦を作るためにそうしているのだと。

拒《きょ》絶。

……に感じたんだな、といまならわかる。その場では、わからなかった。

だから、「そろそろ帰るね」とかなんとかいって、すごすごと退却《きゃく》した。地面につっぷしたままの田中さんを、ひとり残して。

あれ以来、田中さんは以印を避《さ》けている。

話しかけようとすると早足で通りすぎてしまうし、目を向ければ顔をそむける。その避けられ具合といったら、「曽我くん、田中さんになにかした？」と森さんから心配されるレベルだ。

自業《ごう》自得だとは思う。

これをいったらひくかも、と予防線を引いてから話してくれた田中さんに、ひかないよ、と自信満々にいっておきながら、それに相当するような態度を取ってしまったのだから。

以印としては、あやまりたい。ものすごくあやまりたいけれど、田中さんが望まないなら、あやまらないつもりはある。あやまれば自分は楽になるだろうけど、勝手に楽になるなといわれれば、そのとおりだと思うからだ。

だから、以印がいま田中さんを追いかけている理由は、ただひとつ。

田中さんが話してくれたことを、遅《おく》ればせながら理解しました、時間はかかったけれど、かなりしっかり理解できたと思います、と説明するためだ。

これは、伝えていいと思う。揺《ゆ》るぎのない事実なのだから。

それでも田中さんがやっぱり自分を避けつづけるのなら、受け入れるつもりだ。その覚悟《ご》ならできている。

とにかく、伝えたかった。

きみの正体がガス惑星だと知っても、ぼくはまったくひいていない、と。

いない？

「……あれっ？」

気がつけば、田中さんが消えていた。

ほんのちょっともの思いにふけっていただけなのに、風に吹かれてかき消えたように、いなくなっている。

見失ったのか？　と思った瞬間《しゅん》、存在を忘れていた疲《ひ》労のスイッチが、いきなりオンになった。その場にしゃがみこみそうになる。ひざに両手を当てて、ぐっとこらえた。

上半身をかたむけて呼吸を整えたあと、顔をあげる。周囲を見回すうちに、ぴんときた。ちがう。田中さんは、いなくなっていない。すーっと気配を消しただけだ。そういう逃げ方もあることを、自分が教えた。

「……いるんでしょ、田中さん」

呼びかけてみたけれど、返事はない。返事をしてもらえないと、田中さんがどこにいるのかわからない。

「ひいたんじゃないって、いいたくて。それで何度も話しかけてたんだけど、いやがらせみたいになっちゃってたら、ごめん。でも、ひいたわけじゃないってことだけは、どうしても——」

背中のすぐうしろに、人の気配を感じた。

深呼吸をひとつしてから、ゆっくりとふり返る。いた。真後ろに、立っていた。息も切らさずに。

以印は、田中さんを置き去りにして帰った理由を、急いで説明した。

遠回りをして帰るのは、家にいるといやな思いをするからなのかもしれない、と予想していたこと。家庭の問題に他人が関わるのはむずかしいことだとわかってはいるけれど、それでも、自分にできることがあるようなら、するつもりでいたこと。

以印の顔をだまって凝視《ぎょう》していた田中さんが、「つまり」とささやくようにいった。

「予想とちがう答えが返ってきたことに、ドクターは面食らったのか？」

「面食らったというか、はぐらかされたって思ってしまって」

田中さんが、意外そうな顔をする。

「はぐらかされた……」

「いまは、思ってない。田中さんはあのとき、本当のことを話してくれたんだってちゃんとわかってる」

じゃあ、といいながら、田中さんが一歩、近づいてきた。

「気味悪がって逃げたんじゃなかったのか?」

「そんなこと1ミリも思ってない」

さらに、一歩。

「1ミリも?」

「1ミリも」

また一歩、近くへ。

「ガス惑星だぞ?」

「なにがどうなるとガス惑星がふつうの中学生になれるのかはよくわかってないけど、田中さんの正体を知って気味が悪いとは1秒も思ってない」

「1秒も?」

「1秒も」

鼻と鼻の先がぶつかりそうなくらい、近いところに田中さんの顔がある。こんなに近い距離で目が合ったのは、はじめてだ。

田中さんの瞳《ひとみ》の中に、渦が見えた——ような気がする。

「ちなみに」

距離が近すぎて、寄り目になりそうだ、と思いながら、「うん」と答える。うなずかなかったのは、少しでも動いたら、確実に鼻と鼻がぶつかるからだ。

「木星以外にも、ガス惑星はたくさんある。太陽系にも、太陽系以外にも」

「みたいだね」

「調べたのか、ガス惑星のこと」

「専門書とかは、さすがに読んでないけど」

ようやく田中さんが、一歩、うしろにさがってくれた。いまにも鼻と鼻がぶつかりそうなあやうさから解放されて、ほっとする。

「わたしは、太陽系の外にいた」

「外なんだ」

「外だ」

また一歩、田中さんがうしろにさがる。向かい合うにはちょうどいい距離にもどってから、田中さんは話しはじめた。なつかしそうな顔で空を見上げながら。

種類を問わず、惑星が惑星であるためには、気が遠くなりそうなくらい複雑で膨《ぼう》大な量の要因が、ひとつ残らずそろう必要がある。

ガス惑星だったころの田中さんは、そろっていなければならなかった要因のひとつを、あるとき失ってしまったのだという。

ほかの惑星も同じかどうかは知らないものの、少なくとも田中さんは、宇宙のすべてを知っていた。意識だけならどこにでも存在できた、というほうが正しいらしい。もちろん、地球のことも知っていた。

惑星としての自分を捨てなければならなくなったとき、意識は自然と地球を選び、出産間近だった女性の体内で、うまく呼吸ができず死にかけていた胎《たい》児の中に、飛びこんだ。

女性は無事に出産し、田中さんは、シングルマザーの田中さんの娘《むすめ》になった——。

「べたべたした親子ではないが、母との関係はいい。予防医学の研究者で、かなり多忙《ぼう》だ。料理も片づけも苦手だが、わたしにはちょうどいい母親だと思っている」

田中さんは、母親との関係についてもあっさり明かしてくれた。

思いこみでじたばたしてしまったことが、あらためて恥《は》ずかしい。両手で顔をおおいたいくらいだ。すればすぐさま、「どうした、ドクター」とつっこまれそうなので、しないけれど。

「……お母さんは知ってるの？　田中さんがガス惑星だったこと」

「ふつうに産んだふつうの子だと思ってる。わたしの母は、ドクターのようなおもしろみのある人間じゃないからな。これから先も、明かすつもりはない」

おもしろみのある人間……。

ほめられたのか？　ほめられたのかもしれない。いや、どうだろう。よくわからない。

ほめられたわけではなかったのだとしても、以印にとっては価値あることだった。

おもしろみの塊《かたまり》みたいな田中さんから、おもしろみのある人間だと認定されるなんて、こんな誉《ほま》れ高いことがあるだろうか。

「田中さんは、自分の中に渦を作っておくために、毎日、一定の距離を歩かなくちゃいけないんだよね？」

「そうだ」

「体……は、ふつうの人間の体なんだよね」

「内蔵もあるし、血管も骨もあるぞ」

「でも、渦は作りつづけなくちゃいけない？」

「不思議なことにな」

「渦がなくなると、どうなるの？」

「どうなるんだろう。いまやわたしは、ガス惑星とふつうの人間の体が融《ゆう》合した謎《なぞ》の生命体になってしまっているからなあ」

深く考えると、ちょっとこわくなりそうだったので、話題を変えてみた。

「ぼくのこと避けてたのは、やっぱり怒《おこ》ってたからだよね？　ひかないっていったくせに、ひいたような態度を取っちゃったから」

「怒ってた……というよりは、傷ついたんだろうな。ドクターでも気味悪いって思うのか、ドクターでも無理なのかって」

なにその信頼《らい》感！

田中さんから惜《お》しみなく寄せられるこの『ドクターなら』な感じに、自分からもなにか返したい、と以印は思った。一歩、前に出る。田中さんは、動かない。もう一歩、前へ。

鼻と鼻がぶつかりそうな距離にもどった。田中さんの瞳の中の渦をのぞきこみながら、宣誓《せい》するように以印はいう。

「ぼくが田中さんにひくことは、一生ないです。そこは、安心してもらってだいじょうぶなんで」

「一生？」

「一生」

「目の前でガス惑星に変身しても？」

「……それ、死ぬよね？　ぼく。というか、地球ごと。圧力でぺちゃんこになって」

「だな。ははは」

田中さんは、おかしくてしょうがない、というように笑った。

雪の上足跡がある野良猫が「足冷たい」と思った数だけ

きみがうたうとき
3
桑原亮子

やっべ、というのが、公園であいつを見た時、オレがまっ先に思ったこと。つーか、あいつを見て「やっべ」と思わなかった日はない気がする。四年生で初めて同じクラスになってから、ずっと。何しろ赤坂《あかさか》は自己中で、気に入らないことがあるとすぐ他人に突っかかる。相手が上級生だろうが先生だろうがお構いなしだ。なるべく関わり合いにはなりたくないタイプだから、見かけた時は逃げるに限る。なのに……。

やっべ、赤坂優子《ゆうこ》だ。と心の中だけでつぶやいたつもりが、声に出ていたらしい。土管の中を覗き込んでいた赤坂は、中腰のまま振り返って、オレを見た。寒さのせいか、ほっぺたと鼻の頭が赤い。

「何？」

鋭い目つきで聞かれて言葉につまる。

「何って……野球の帰りだよ。ここ突っ切ったら近道だから」

オレは着ているユニフォームをつまんでアピールした。積もった雪と泥でぐっちゃぐちゃのグラウンドで試合をしたから、いつにも増して汚れがひどい。

「別にあんたの事情は聞いてないし。私に何か用？」

責められてる気がして、焦る。用……用……何かあったっけ。

「いや……こんな寒い日に、何やってんのかと思って……」

「私に言わせれば、あんたこそ何やってんの、だよ」

「え、だから野球……」

赤坂はかがめていた腰を伸ばすと、まっすぐオレを見た。やっべ、ロックオンされた！

「そもそも野球ってさ、棒で球をぶっ叩いて、走るだけじゃん。縄文人でもできるよね」

「じょ、縄文……」

「なのに令和の人間が夢中になっちゃって、プロの選手までいて、一人で何億円も稼いで」

そのプロ野球選手がオレの夢です、とは言い出せない雰囲気だ。

「勝った負けたでいちいち大騒ぎして、バッカみたい！」

赤坂は歯切れよく言い切ると、余裕の表情でオレの返事を待った。言いたい放題言ってマイクを床に投げつけたプロレスラーみたいだ。

言い返したい。けど、言葉が浮かばない。オレはうつむいた。赤坂はもう一度、

「バッカみたい！」

と念を押すと、お前になんか構っていられないとばかり、別の土管の中を覗き込んだ。

「落とし物？」

あああ～やめときゃいいのに、また声をかけてしまった。だってさ、赤坂、コートを着てない。ロンTにスカートというりつもの格好で、マフラーも手袋もしてない。今、絶対、氷点下なのに。オレの心配をよそに、赤坂は振り返りもせず、

「私が落とし物なんかすると思う？」

と言った。

「しませんね、すいませんでした！」

オレはうんざりして、回れ右した。やっぱ、関わり合いになるんじゃなかった！


熱いシャワーで体中の泥を落とし、ようやく生き返る。気分よく居間のコタツに入ってノートを開いた時、父さんが買い物から帰ってきた。

「明人《あきと》が勉強？　珍しいな！　雪が降るんじゃないのか」

「もう降っただろ」

「あれ明人のせいか～」

嬉しそうに言いながら、父さんがコタツにもぐり込む。オレは忙しいのだ。父さんを無視して、ノートに『カワイイな　猫の足跡』と書いた。そのまま、鉛筆が止まってしまう。

「『カワイイな　猫の足跡』？」

父さんが横から口を出す。オレはしぶしぶ説明した。

「短歌だよ。真っ白な雪に猫の足跡が残ってて、かわいかったから。これで五、七はできた。あと五、七、七か……」

オレは、ノートの空白をじっと見つめる。『身の回りの出来事を短歌にしよう！』というのは、もう何か月も前の宿題だ。でもその頃オレは学校を休んでいたから、今さらやらされている。皆は先に進んでるのに、自分だけ取り残されてる気がする。

いつのまにかオレは、体を前後に揺らしていたらしい。父さんが手を伸ばして、オレの肩を押さえた。

「焦らなくていい。一文字ずつ埋めていこう」

父さんの言葉に、オレはうなずいた。その時、

「ちょっとあんた！　何やってんの！」

清瀬《きよせ》さんの大声が聞こえた。清瀬さんは隣のおばさんで、怒るのが趣味みたいな人だ。しかも一度怒ると、一週間は機嫌が悪い。オレは父さんと顔を見合わせ、立ち上がった。


玄関を出ると、清瀬さんが両手を広げ、道に停めた車の前に立ちふさがっていた。車のそばに立って、おばさんをキッとにらんでいるのは赤坂だった。

「どうしました？」

とのんびり聞いたのは父さん。

「この子がうちの車を叩いてたのよ」

おばさんは、赤坂を指さした。

「ほんとか？　赤坂」

半信半疑で尋ねると、赤坂はくるりと体の向きを変え、走り去って行った。

「警察を呼べばよかった」

言い捨てて、清瀬さんが家に戻ろうとする。その後ろ姿に父さんが尋ねた。

「あの子、どんなふうに叩いてました？」

清瀬さんは振り返ると、ズカズカ車に近づいて、ボンネットを両手でバシバシ叩いてみせた。

「こうよ！」

「ははぁ……猫かな」

父さんが言い、オレと清瀬さんはぽかんとする。両手をこすり合わせながら、父さんは続けた。

「ほら、寒いと猫とかイタチがあったまろうとして、車のエンジンルームに入っちゃうことがあるでしょう。そういう時、ボンネットを叩くと飛び出して来るから。あの子、猫探してたんじゃないのかな」

オレは、赤坂が走り去った方角を見た。

「な……」

と清瀬さんのつぶやくような声が背後で聞こえた。

そういえば赤坂、公園の土管も覗き込んでた。もしかして、ずっと探してるのか。

「……ちょっと出てくる」

オレは父さんに声をかけ、上着を取りにひとまず家に戻った。

二本先の通りで、オレは赤坂を発見した。積もった雪の上に腹ばいになって、車の下を覗き込んでいる。

「猫、探してんの？」

しゃがみ込んでそう尋ねると、赤坂はハッとオレを見た。

「どっかで見かけた⁉」

「いや、見かけてはいないけど……」

赤坂はあからさまにガッカリした顔になって、

「なんだ」

とつぶやいた。

「あっ……でも、足跡なら見かけた」

「どこで！」

「畑《はた》野《の》酒店の前」

赤坂は黙って立ち上がり、ロンTについた雪を払うと、畑野酒店の方へ歩き出す。オレはあわてて上着を差し出した。

「これ」

「何」

赤坂が立ち止まる。

「着たら？」

「いらない、汚すから」

「いいって、もう汚れてるから」

赤坂は上着を受け取ると、広げて眺めた。オレの背番号入りのジャンパーは、ちゃんと洗ってあるけど、ところどころ茶色い。

「ほらな？」

「……」

無言で赤坂がジャンパーを羽織る。オレはちょっとホッとした。

畑野酒店の前には、まだ猫の足跡が残っていた。赤坂が雪の上に膝をついて、

「これ、なあさんの足跡だ」

と言った。

「なあさん？」

「……毎日うちに来る野良猫。いつも一緒に晩ごはん食べてんの」

「へえ」

「でも昨日から姿が見えない」

「……それで探してるんだ？」

「悪い？」

オレはため息をついた。いちいちケンカ腰で、嫌になる。

「別に悪くないけど。なんで、この足跡がなあさんのだってわかんの」

「なあさん、左の後ろ脚を引きずってるから」

オレはまじまじと足跡を眺めた。言われてみればたしかに、左脚を引きずったような跡がある。

「早く見つけてあげないと」

赤坂が立ち上がり、足跡を追って歩き出した。オレも後に続く。だけど……

「ダメだ」

赤坂はすぐに足を止めた。猫の足跡は、板塀の前で途切れてしまっていた。


塀に沿って歩きながら、赤坂は四方八方に目を配る。

「雪が溶けたら、そのうち帰って来るんじゃないの」

オレが言うと、赤坂の顔がキツくなった。

「何にも知らないから、そんな呑気なこと言ってられるんだよ。猫って寒さに弱いの。飼われてる猫だったら、こんな寒い日はストーブの前で丸くなってる。お腹がすいたら美味しいごはんをもらえる。だけど野良猫は……」

赤坂が立ち止まり、ジュースの自動販売機の後ろを覗き込んだ。

「……いるか？」

「いない」

赤坂は首を振り、また歩き出す。

「……野良猫は寒さをしのげる場所を自分でなんとか見つけるしかないの。自販機の後ろとか、室外機の上とか、ほんのりあったかい場所を見つけて、生き延びようとすんの」

赤坂が立ち止まった。ごみ箱の上に積もった雪を真っ赤にかじかんだ手で払う。そのままフタを開けて、ごみ箱の中を覗く。

「ここにもいない……」

赤坂が、疲れたように道に座り込んだ。

「……ごみも漁ってエサを探して、一生懸命生きようとするけど、冬を越せないことも多いんだよ」

「冬を越せない、って……」

「春になるまでに死んじゃうってこと」

怒ったように、赤坂は言った。

オレはぐるりと辺りを見回した。子どもの頃から、雪が積もった風景が好きだった。きれいで、何かが起こりそうで、ワクワクした。でも今は……。周囲の音を吸い込んで、しんと静まり返っている白い世界が恐ろしく思える。

たまらずオレは駆け出した。

停まっている車の下を覗き込む。猫はいない。

立ち上がり、両手でボンネットを叩く。何も飛び出してこない。もう一度叩く。

「叩いても、おびえて出てこないことがある」

横を見ると、赤坂が立ってオレを見ていた。

「じゃあ、どうすんの」

オレが聞くと、赤坂はおもむろに口を開き、

「なあ～」

と大声を出した。

「ちょ……何?」

「猫の鳴き声。呼びかけると、応えてくれるかもしれないでしょ」

「いや、猫の鳴き声はニャーだろ」

「なあさんは『なあ〜』って鳴くの。だから名前がなあさん」

「へえ……」

赤坂はもう一度、

「なあ〜」

と鳴いた。

赤坂と二人で車の下を覗き、ボンネットを叩いては、

「なあ〜」

と呼びかけて返事を待つ。最初はちょっと恥ずかしかったけれど、だんだん慣れた。

それにしても、とオレは、ボンネットを叩く赤坂の横

顔を眺める。こいつ、こんな必死になることとあるんだ。いつもフンって鼻で笑ってるか、意地悪なこと言おうと口をゆがめてるか、どっちかだと思ってた。

　赤坂がオレを見る。やっべ、また声が出てた⁉と口を押さえたオレに、彼女は、

「踏み台になってくれない？」

と言った。


　雪の上に四つんばいになると、赤坂がオレの背中に両足を載せ、塀の向こうの庭を覗いた。

「お、重《おも》……」

「重くないから」

「……見えた？」

「見えたけど……なあさんはいないみたい」

「そっか……」

「あとさ、私、悪いと思ってないし」

「何が？」

「去年玉村《たまむら》君が学校来られなくなったの、私のせいじゃないよ」

　オレは首を曲げて、赤坂を見ようとした。だけど、塀の向こうを見ている赤坂が、どんな表情をしているのかわからなかった。

「花田《はなだ》さんには悪かったと思うし、ちゃんと謝った。でも玉村君はむしろ、私に謝ってほしい」

「なんでだよ」

「ボール投げつけられて、怖かった」

「それは……ごめん」

「うん、まぁいいよ」

「……」

「なあ～」

　赤坂が庭へ呼びかける。返事はない。赤坂の声が、

「なぁ……」

と弱々しくなった。

「あれ？」

　何かが引っ掛かる。オレは四つんばいのまま、記憶の中を探った。

「赤坂、なあさんって、『な……』って鳴く？」

　オレの背中から降りながら、赤坂は、

「うーん……。元気がないと、そんな感じかな」

と答える。

「オレ……その鳴き声、さっき聞いたかも」

　赤坂の目が輝いた。

　赤坂と並んで、雪を踏んで走る。角を曲がると、ちょうど清瀬さんちのおじさんが車に乗り込んだところだった。

「待って！」

　オレたちは大声で叫び、車に取りついて、ボンネット

をバシバシ叩いた。

「なんなの、明人君まで！」

清瀬さんちのドアが開いて、おばさんが飛び出してきた。でも構ってはいられない。

「おじさん、ボンネット開けてください！　中に猫がいるかも！」

大きなため息をついて、おじさんがボンネットを開けてくれた。エンジンルームの奥には、ぼそぼそした毛並みの、やせた猫がいた。やっぱり！　さっき清瀬さんの声だと思ったのは、この子の声だった。

「なあさん！」

赤坂がそっと手を伸ばし、猫を抱き上げる。猫は小さな声で、

「なぁ……」

と鳴いた。

おばさんの目がみるみるつり上がる。

「それ、野良猫なの？」

赤坂がうなずくと、おばさんは、

「うちの車が故障するところだった。貸して、役所に連れていくから」

猫を抱いたまま後ずさる赤坂に、清瀬さんは詰め寄る。

「野良猫は皆に迷惑をかけるでしょ。あなた、飼えるの？」

「……お金がかかるから、飼ったらダメだって」

「なら、こっちに渡しなさい。野良猫をかわいがるのはエゴなのよ」

赤坂の眉がぴくりと動いた。

「エゴ？」

「そう、無責任なの」

赤坂がニヤリと笑う。得意なゾーンに投げられたバッターのように。そして言い放った。

「私、自己中なんで。私が助けたいと思うから、この子には助かる権利があるの」

大切そうに猫を抱いて、赤坂が堂々と帰っていく。オレは心の中で叫んだ。

赤坂優子、やっべ！


雪の上足跡がある野良猫が「足冷たい」と思った数だけ

（玉村明人）

第70回

作品募集結果発表

今、活躍している作家の多くが、小誌を舞台に執筆活動を広げてきました。
その出発点が、この公募のページです。
今回は、141編のご応募をいただきました。結果は次の通りです。
第71回作品募集のお知らせは、107ページをご覧ください。

[佳作]

田中直子「マジカルな夜」（童話部門）

[一次選考通過作]

（童話部門）
千葉智江「まりこちゃんはかわいい」
平木ひらく「すってんころぺん坂」
やまおかみおこ「月ネコは、今夜も配達中」

（短編小説部門）
安藤孝則「夕焼け」
金内笑子「うその子」
萱野智「小指の羽ばたき」
小林栗奈「ブラックキャット・ブラマンジェ」
さかたやすよ「あたたかい黒猫」
徳武葉子「シュークリームの哲学」
中野さやか「別の水」
みどり里奈「わらうだるま」
みすず「空色琥珀糖」
綿谷衛「ピアノ・マーメイド」

[二次選考通過作]

柳咲絵「干し柿とイルミネーション」（短編小説部門）
ぼくとママは、ママが子どもの頃住んでいた田舎町に引っ越した。こっちに来てまだうまくなじめないぼくに、隣に住んでいる南さんは、いつも話しかけてくれる。ある日、南さんの畑にいくと、軒下にみずみずしくかがやく柿が吊るされていた。干し柿の甘みが増すごとに、ぼくの気持ちにも変化が生まれる。

小林ナツ「いれ歯のひめさま」（短編小説部門）
ソンジョソコラノ王国のひめさまは、頭の中にある海にもぐって深く考えるのが得意。ある日、ひめさまは上の前歯にある一本のいれ歯をなくし、うまく考えることができなくなってしまいます。ひめさまはいれ歯と、いっしょにうしなった自分自身をみつけるため、道化師のトットと頭の中の海へ向かいます。

古川泰「詩シンジ」（短編小説部門）
詩の授業は嫌いだ。何にも書くことが思いつかない。そう思っていたら、後ろの席のシンジが、偶然見つけたわざですごい詩を書いてきた。ボクもわざを使ってみたら、頭の中がピカッと光って言葉がぞろぞろ出てきた。シンジのおかげで見つけたわざ「詩シンジ」で、ボクは詩に挑む。

東町亜紀「タヌキと1／2」（短編小説部門）
明日までに終わらせなくちゃいけない算数ドリルを解くぼくの元に、計算が得意なタヌキが現れた。お願いをきいてくれたら、残りの宿題をかわりに解いてあげましょうと言ってくる。一体何を頼まれるんだろうと身構えていると、タヌキはまんまるな目をかがやかせて、思いがけないものを頼んできた。

石井睦美

選評

今回は童話部門の田中さんの「マジカルな夜」が佳作となりました。現実のなかに非現実的な出来事を引き起こすのはマジシャンです。マジックだからもちろん種があり、その種はほほえましいものでした。それだけでもいいお話となったかもしれません。ところがほんものの魔法も作品のなかにありました。月の消滅、それが魔法なのか偶然なのか明らかにしないままで。冒頭の話を回収する最後まで、構成が光る作品だったと思います。

短編部門、柳さんの「干し柿とイルミネーション」は、「南さんについて話そう。」という魅力的な一文から始まりますが、物語は南さんの話ではありません。主人公とその母親を描くための人物として隣家の南さんが登場するのです。南さんと主人公のやりとりの温かさ、彼らの暮らしの描写のさりげなさにひきつけられました。

小林さんの「いれ歯のひめさま」は、金色のいれ歯をなくしたひめさまが、唯一心を許している道化師とそのいれ歯を捜す物語です。その行先はひめさまの頭のなかにある海で、道化師が提示する捜し方も無茶苦茶です。いえ、無茶苦茶のように見えて、変に理論的だったりします。そのわけのわからなさを軽快な文章で読ませる作品でした。

古川さんの「詩シンジ」は、言葉そのものにこだわり続ける古川さんならではの作品と言えるでしょうか。物語のなかの詩が冴えています。ただ、授業中に、はさみをテーマに詩を書くという物語そのものは、書かれた詩のような切れ味はありません。個人的には最後の「きりとりせん」の出てくる詩が好きでした。

東町さんの「タヌキと1／2」は、算数の宿題に手を焼く小学生の前に、算数が得意なタヌキがいきなり現れるという設定です。このタヌキ、問題を解くとエネルギーを消耗するらしく、ちくわ（！）を食べたがります。現実では到底ありえないタヌキの言動が生き生きとしていて、違和感を払拭させます。ありえないことをありえるように描き切る。それは物語の醍醐味のひとつでしょう。

川島誠

小林ナツさんのお話の冒頭。十歳のとてもかしこいひめさまが「みなのもの、おはよう！」と登場。私は一瞬にして期待が高まってしまいました。これは童話部門ですよ、小林さん。もっともっと、ひめさまには「いれ歯」の件にとどまらず、「かしこさ」に基づく、はちゃめちゃな活躍をさせてあげたい。

東町亜紀さんだってタヌキ、算数の得意なタヌキが出てくるから童話でよさそうなものですが、小説です。作品内にゆるぎない論理があり枠組みがしっかりしている。その分、先行きがよめるのが残念。鍵はタヌキの好物の「ちくわ」の更なる探求か。

一転して、王道リアリズムの柳咲絵さん。未曽有の人口減少時代に都会から地方に移住。大きな会社で朝早くから夜遅くまで「パリッとしたスーツ姿」で働いていたシングルマザーが、両親の死後放置されていた生家に息子を連れて。負動産の空き家問題解消、ふたりは田舎の暮らしに表面的にはなじんでいっているかのよう。けれど、庭のクリスマスイルミネーションは通行人から見えないところに。何やら不穏な空気が漂うのは否めない。

救いとなっているのは隣家の老人の存在です。語り手の少年と世代を超えて交流する。大根収穫の場面が私には奇妙に懐かしい気がして、そうだ、これは戦後すぐの明るい農村児童文学だ！（でも、いまは農地改革でなく新自由主義の時代なので、触れられてない母の「道の駅」勤務状況がかなり心配。）

さて、田中直子さんの掲載作の成功は、到底ありそうにないことを、あるように描いた。その点に尽きます。マジックによる停電と八歳の少女フードファイターの勝利。ふたつのエピソードには、くらくら。マーク・トウェインのほら話みたいでしょ。小難しくなって痩せ細る以前の、物語がもつ愉楽。

最後に古川泰さん。面白い。「はさみ」という一単語から、これだけのバリエーションの「詩」の類似物質を生み出す。しかも、それらをつないで短編形式に落とし込むとは。古川さんは、ブームになってるのかもしれないゲシュタルト崩壊の先駆的実践者（？）でもあります。谷川俊太郎ならどう読むか。聞いてみたかったなあ。

第70回作品募集
佳作

マジカルな夜

田中直子

道を曲がったとたん、電柱をよじのぼろうとしている女の子と目が合って、空実《くうみ》はびっくりした。その子が同級生の七湖《ななこ》だったから、よけいびっくりした。いつもクールで、笑う時も大きく口を開けないような七湖がこんなことをするなんて、思いもしなかったから。

七湖は、気まずい顔でおりてきた。

「……なんで?」

理由があるにちがいない。たとえば、風に飛ばされた帽子が電線にひっかかったとか、身動きできない小鳥を助けにいくとか。空実がきくと、七湖はぎゅっとまゆを寄せた。

「どうせ、信じてもらえない」

そこで、空実はちょっと考えて、

「じゃあわたしも、信じてもらえないかもしれない話をする。わたしは三年前、スーパーマルカワ堂のフードコートで回転まんじゅうを百五十三個食べて、大食い記録を作った」

百個以上食べるとタダになる、というキャンペーンをやっていた時だった。

七湖は疑うような目で、空実の細い体をながめている。

「けど、なかったことにされた」

「え、どうして？」

「その二日前に、有名なラグビー選手が来て、百十二個食べて、超盛り上がったんだって。記念のサインと写真、今もお店に飾ってある」

すごい笑顔の写真である。

「たった二日で、しかも八歳の女の子に記録を破られたなんて、その選手に知られたくなかったんでしょ。わたしが食べるとこ、お店の人しか見てなかったし。今でもフードコートに行くと、お店のおじさんは目をそらす」

七湖は小さくため息をついて、

「わかった。ねえ、オバケ信じる？」

「オバケ？　うーん、会ったことはない」

「わたしも会ったことはないけど。こないだ、うちのビーグル犬のビュウが死んで」

二泊の野外学習の日だった。家に帰ると、もう焼かれた後で、小さな骨になっていた。

「きのうの夜、夢……いや、言葉……いや、思い？　ビュウの思いが頭の中に届いて」

〝三日後の夜、空のむこうに行く。最後にもう一回会いたい。いつもの散歩道に来てくれたらうれしい。〟

「でも、真っ暗じゃなきゃダメなんだって。もう、体がないから」

七湖は大まじめに話している。だから空実も、大まじめに聞いている。

「いつもこの辺を散歩してたんだけど、家が多くて、夜になってもあんまり暗くならない」

「もしかして、停電にしようとか思ってる？」

七湖はしぶしぶうなずいた。

「電線を切れば、停電になるでしょ」

「なるほど」

リハーサルをしていたのか。気持ちはわかるがムチャクチャだ、感電しちゃうよ。

空実は、ふと、あることを思い出した。

「暗くするの、わたしにまかせてくれない？」

ちょっとした心当たりがある。

「できなかったら？」

「その時は、ごめん。でも多分いけると思う」

「……わかった」

七湖は、こくりとうなずいた。

空実の家から歩いて十五分のマンションの五階に、おじさんといとこが住んでいる。

「ハッくん、おじちゃんは？」

「仕事」

同い年のいとこの羽年《はとし》は料理が好きで、きょうも焼きたてのパンのにおいが漂っている。

「遠く？」

「いや。そろそろ帰ると思う」

羽年のおとうさんはマジシャンだ。まあまあ有名で、テレビに出ることもある。

「いいにおい、何パン？」

「チーズとゴマ」

差し出されたパンを、一口ガブリ。

「おいしい！」

「ミニトマトも食う？」

空実がうなずくと、羽年は窓辺の鉢植えからミニトマトをひとつちぎり、空実のほうにヒュッと投げた。ミニトマトは見えなくなり、空実が二口めをかじると、パンの中からよく焼けた赤い実が出てきた。

「これ、最初っから入ってたんじゃないの？」

笑いながら、空実はまたガブリ。

「ねえハックくん、おじちゃんなら町ひとつくらい停電にできるよね？」

「さあ」

羽年は、ミニトマトとハエトリグサの鉢に水をやりながら、首をかしげる。

「マジックでパッと電気を消したり、ロウソクに火をつけたりするでしょ。あんなふうに」

「どうかな」

ハエトリグサは食虫植物だけれど、虫を食べているところを、空実は見たことがない。

「ただいまー」

おじさんが帰ってきた。仕事道具がぎっちりつまった大きなトランクをかかえて。

「おや、クウちゃん、いらっしゃい」

「おじちゃん！　わたしのうちの近所だけ、停電にできる？　十分でいいから」

空実はおじさんを窓辺にひっぱっていった。七湖とビュウの散歩道の方向を指さして、

「あの辺、緑町三丁目の六町内」

「それは、仕事の依頼かな？」

「そう。十分が長いなら、五分でもいい」

おじさんはだまって頭をかいている。

「え、できないの？　じゃ、三分でいいよ」

「ぼくにできないことはないよ。ただ、仕事ならギャラをはらってもらわないとなあ」

今、空実の貯金箱の中は十円玉ばっかりだ。

「毎月、おこづかいから少しずつはらう」

イヤだけれど、七湖と約束したからしかたない。

「わかった。まかせなさ〜い」

おじさんは歌うように軽く返事をした。


次の朝、空実は学校のろうかで七湖をつかまえた。

「あしたの夜八時、停電オッケー」

七湖は大きく目を見開いた。

「ほんとに？」

「うん、多分大丈夫。時間は短いと思うけど」

その見開いた目で、七湖は空実をしげしげと見て、

「どうしてそんなに協力してくれるの？」

空実にとっていいことなど何もないのに。

「それはまあ……わたしもちっちゃい時、ハムスターかってたからね」

いっしょに過ごしたのはたった二年七か月だったけれど、大好きな友だちだったから。

「ありがとう」

七湖は大きくうなずいた。


約束した夜、空実はおじさんの家で、羽年といっしょにその時を待った。

「ハッくん、うまくいくと思う？」

「さあね」

窓を開けて、緑町三丁目の六町内、七湖がいる辺りを見つめる。空実はこぶしをにぎりしめているけれど、羽年はちょっと眠そうだ。

夜八時。窓から見えるその方角だけ、急に家々の電気が消えた。

「やった！　……あれ？」

暗くならない。夜空に輝くものがある。

「月！」

今夜は満月だったのだ。

「どうしよう！」

空実は思わず両手で顔をおおった。

羽年が、窓辺のハエトリグサの鉢を手に取った。鉢の置き場所を月の位置に合わせると、口のように開いているハエトリグサの内側を、指先でちょん、

ちょん、と二回さわった。ハエトリグサがパタンと口をとじた。

月が、急に姿を消した。まるでハエトリグサに食べられたように。

空実は空を見上げて、ハエトリグサを見下ろして、まじまじと羽年の顔を見た。

「ハッくん、どうやったの？」

「べつに」

羽年はやっぱり眠そうな顔をしている。

六町内と夜空は、三分半だけ真っ暗だった。


次の朝、家から出る空実を七湖が待ち構えていた。

「ありがとう」

いつもの散歩道、角の植え込みのビュウお気に入りの場所。きのう、そこで七湖の足に何かがぶつかる気配がした。形は見えなかったけれど、まとわりつくあたたかさが、確かにビュウだった。ほんのり、においもした。

「よかったね」

ホッとした。自分のことではないけれど、空実もうれしかった。

緑町三丁目の六町内、まあまあ有名なマジシャンが一軒一軒たずねて、夜八時にしばらく電気を消してもらえないかと頼んで回っていた、という話は、しばらくうわさになった。

「マジシャンがネタバレしてしまったらおしまいだ。クウちゃん、ギャラはいらないよ」

おじさんは残念そうに笑っていた。

『スクープ！　回転まんじゅうの本当の大食い記録を作ったのは、当時八歳の女の子！』

こんな紙がスーパーマルカワ堂のフードコートにはりつけられたのは、次の週のことだ。

「これは、あなたがはったのかな？」

フードコートのおじさんにたずねられて、空実は首をふった。

「わたしじゃないです」

きっと七湖だ。停電のお礼にちがいない。

あの時の、三年前の八歳の自分は言えなかった。けれど、今なら言える。

「でもこれ、本当のことですよね？」

おじさんは、申し訳なさそうにうなずいた。

「うん……そうだね。そのとおりだよ」

七湖のおかげで、空実は三年ぶりに、スーパーマルカワ堂の回転まんじゅうを食べた。

作品募集のお知らせ

[応募資格]　資格制限はありません。ただし、一人一編、未発表の作品に限ります。
同人誌発表作、他の児童文学雑誌や賞に応募した作品は対象外です。

[募集内容]　○童話　400字詰め原稿用紙10枚以内
○短編小説　400字詰め原稿用紙20枚以内
ヤングアダルト世代までを対象とします。

[締切・発表]　○第71回　締切　2025年5月9日(必着)
発表　「飛ぶ教室」第82号(2025年7月25日発売予定)

○第72回　締切　2025年8月4日(必着)
発表　「飛ぶ教室」第83号(2025年10月25日発売予定)

掲載作品には小社規定の原稿料をお支払いします。
入選された方は、筆名と作品のタイトルを「飛ぶ教室」誌面にて発表します。加えて、二次通過作については編集部作成によるあらすじと選者による選評が、入賞作（優秀作、佳作）については、本人に通知の上、作品も掲載されます。

[応募方法]　A4用紙を使用し、1枚目には、
①応募ジャンル(童話・短編小説)　②筆名　③年齢　④住所・電話番号
⑤タイトル・枚数を、明記してください。

ワープロの場合は、原稿用紙に換算した枚数を記入してください。
応募作品は返却しませんので、必要な方はあらかじめコピーを取ってください。
掲載された作品の出版権は小社に帰属します。

[応募先]　〒141-8675 東京都品川区上大崎2-19-9
光村図書出版株式会社「飛ぶ教室」作品募集係宛
募集および審査結果に関するお問い合わせには応じられません。ご了承ください。

[選者]　石井睦美(作家)・川島誠(児童文学作家・作家)・編集部

【個人情報の取り扱いについて】(1)組織の名称又は氏名 光村図書出版株式会社 (2)個人情報保護管理者(若しくはその代理人)の氏名又は職名、所属及び連絡先 個人情報保護管理者：管理本部 管理本部長 電子メール：privacy@mitsumura-tosho.co.jp 電話番号：03-3493-2403 (3)個人情報の利用目的 作品の選考、入選の発表のため (4)個人情報の第三者提供について 当社は、法令等に基づく場合を除いて、取得した個人情報を第三者に提供することはありません。(5)個人情報の取り扱いの委託について　当社は、選考のために取得した個人情報の取り扱いの一部を委託することがあります。(6)個人情報を提供しない場合に生じる結果 個人情報の当社への提供はご本人の任意であり、義務ではありません。なお、個人情報を十分にご提供いただけない場合は、選考過程において支障が生じる場合がございます。(7)保有個人データの開示等及び問い合わせ窓口について ご本人からの求めにより、当社が保有する保有個人データに関する開示、利用目的の通知、内容の訂正・追加又は削除、利用停止、消去、第三者提供の停止及び第三者提供記録の開示(以下、「開示等」といいます。)に応じます。開示等に応ずる窓口は、下記「当社の個人情報の取り扱いに関する苦情、相談等の問い合わせ先」を参照してください。(8)個人情報保護方針 当社ウェブサイトに掲載しております個人情報保護方針をご覧ください。(9)当社の個人情報の取り扱いに関する苦情、相談等の問い合わせ先 窓口の名称 個人情報問い合わせ窓口 連絡先　窓口責任者：総務部総務課　総務課長　住所：東京都品川区上大崎2-19-9　電話／FAX：03-3493-2403/03-3493-2177 電子メール：privacy@mitsumura-tosho.co.jp

加藤純子 かとう・じゅんこ

埼玉県生まれ。児童文学作家。著書『荻野吟子 日本で初めての女性医師』『いつも元気で自分の世界を持っている女の子——女の子たちのぼうけん 2』『もし、自分に負けそうになったら』ほか。

川島誠 かわしま・まこと

児童文学作家、作家。著書『800』『神様のみなしご』『ファイナル・ラップ』『夏のこどもたち』ほか。

kigimura きぎむら

イラストレーター。装画に『「コーダ」のぼくが見る世界——聴こえない親のもとに生まれて』（五十嵐大 著）、『キャロットバトン』（こまつあやこ 著）、『ディア・オールド・ニュータウン』（小野寺史宜 著）などがある。

くまおり純 くまおり・じゅん

イラストレーター。装画に『くらくらのブックカフェ』（廣嶋玲子ほか 著）、『ヤージュンと犬の物語』（張学東 著／関口美幸・倉持リツコ 訳）などがある。

桑原亮子 くわはら・りょうこ

脚本家、歌人。脚本に、NHKドラマ「心の傷を癒すということ」、NHK連続テレビ小説「舞いあがれ！」ほか。詩歌集『トビウオが飛ぶとき——「舞いあがれ！」アンソロジー』。

うちむらたかし

絵本作家、イラストレーター。絵本に『うみまだかな』『ネコのみち』『ひそひそ こしょこしょ』『くるまね？ でんしゃさ！』がある。

岡田貴久子 おかだ・きくこ

児童文学作家。著書に「宇宙スパイウサギ大作成」「バーバー・ルーナのお客さま」シリーズ、『あなたの夢におじゃまします』、最新刊は、アンソロジーの『いつも強くてカッコいい女の子——女の子たちのぼうけん 3』などがある。

影山知明 かげやま・ともあき

クルミドコーヒー・胡桃堂喫茶店 店主。クルミド出版、ぶんじ寮等を展開。著書に『大きなシステムと小さなファンタジー』『ゆっくり、いそげ〜カフェからはじめる人を手段化しない経済〜』などがある。

柏葉幸子 かしわば・さちこ

児童文学作家。著書に、『霧のむこうのふしぎな町』『岬のマヨイガ』『帰命寺横丁の夏』、「モンスター・ホテル」シリーズ、「竜が呼んだ娘」シリーズなどがある。

春日井さゆり かすがい・さゆり

画家。装画に、『最高の任務』（乗代雄介 著）、『わたしの結び目』（真下みこと 著）などがある。

五十嵐大介 いがらし・だいすけ

漫画家。著書『ウムヴェルト 五十嵐大介作品集』『海獣の子供』、挿絵に「給食アンサンブル」シリーズ、絵本『ホタルの光をつなぐもの』（福岡伸一 文）ほか。

石井睦美 いしい・むつみ

作家。著書『わたしちゃん』、「カイとティム」シリーズ、『カフェ・スノードーム』、絵本『王さまのお菓子』（くらはしれい 絵）、『ふゆのあとには はるがきます』（あべ弘士 絵）、『なつのおそろいをつくりに』（布川愛子 絵）ほか。

石川直樹 いしかわ・なおき

写真家。写真集『飛鳥｜藤原』『K2』『奥能登半島』『EVEREST』『まれびと』『CORONA』ほか。初の著書は『この地球を受け継ぐ者へ——地球縦断プロジェクト「P2P」全記録』。

石川宏千花 いしかわ・ひろちか

児童文学作家。著書に「死神うどんカフェ1号店」シリーズ、「保健室には魔女が必要」シリーズ、『拝啓パンクスノットデッドさま』『ヤングタイマーズのお悩み相談室』ほか多数。

岩瀬成子 いわせ・じょうこ

作家。著書『わたし、わかんない』『ぼくのねこ ポー』『あたらしい子がきて』『もうひとつの曲がり角』ほか、エッセイ集『わだかまってばかり日記——本と共に』『まだら模様の日々』ほか。

文月悠光 ふづき・ゆみ
詩人。詩集『適切な世界の適切ならざる私』『屋根よりも深々と』『わたしたちの猫』『パラレルワールドのようなもの』『大人をお休みする日』、エッセイ『臆病な詩人、街へ出る。』ほか。

穂村弘 ほむら・ひろし
歌人。歌集『シンジケート［新装版］』『水中翼船炎上中』、エッセイ集『迷子手帳』、歌論集『短歌の友人』、読書日記『図書館の外は嵐』ほか。

松田素子 まつだ・もとこ
編集者・作家。『対談集 絵本のこと話そうか』の編集のほか、著書に『ながいながい骨の旅』など。

三浦太郎 みうら・たろう
絵本作家、イラストレーター。絵本『JE SUIS...』『TON』『くっついた』『ちいさなおうさま』『うみへ やまへ』『たいこどんどん』ほか多数。

南十二国 みなみ・じゅうにこく
俳人。新潟県在住。「鷹」同人。句集に『日々未来』がある。

長谷川まりる はせがわ・まりる
YA・児童文学作家。著書に『お絵かき禁止の国』『砂漠の旅ガラス』『杉森くんを殺すには』『呼人は旅をする』などがある。

長谷川義史 はせがわ・よしふみ
絵本作家。絵本「いいから いいから」シリーズ、『おにのパンツ』、漫画『さんぱつやきょうこさん』、作品集『とびだせ！ 長谷川義史 ぼくの歩いてきた道』ほか。

はやみねかおる
小説家。著書に「名探偵夢水清志郎事件ノート」「怪盗クイーン」「都会のトム＆ソーヤ」シリーズ、『めんどくさがりなきみのための文章教室』『奇譚ルーム』などがある。

はらぺこめがね
原田しんやと関かおりによるイラストユニット。「食べ物と人」をテーマに活動している。絵本に『かける』『山のフルコース』『にくのくいーん』などがある。

坂内拓 ばんない・たく
イラストレーター。コラージュ作品をメインに、広告・書籍・雑誌・ジャケットのアートワークに携わる。書籍装画に『千個の青』『ポピーのためにできること』『とあるひとときʼ』ほか。

小鈴キリカ こすず・きりか
イラスト・まんが・キャラクターデザインを手がける。『ILLUSTRATION 2020』（翔泳社）、『ニューレトロイラストレーション』（パイ インターナショナル）、『VISIONS 2021』（KADOKAWA）掲載。

じゅえき太郎 じゅえき・たろう
イラストレーター、画家、漫画家。著書に『ゆるふわ昆虫図鑑』『ゆるふわカエル図鑑』、絵本に「すごい虫ずかん」シリーズなどがある。

出口かずみ でぐち・かずみ
絵本作家、イラストレーター。絵本「うろおぼえ一家」シリーズ、『ポテトむらのコロッケまつり』（竹下文子 文）、絵童話『どうぶつせけんばなし』、画集『画集 小八』ほか。

長崎訓子 ながさき・くにこ
イラストレーター。漫画の作品集に『MARBLE RAMBLE 名作文学漫画集』、子ども向けの読み物に「リンゴちゃん」シリーズ（角野栄子著）、共著に『聞いて 聞いて！ 音と耳のはなし』がある。

長山さき ながやま・さき
オランダ文学翻訳家。訳書にトーン・テレヘン『ハリネズミの願い』『きげんのいいリス』『おじいさんに聞いた話』、サンダー・コラールト『ある犬の飼い主の一日』（すべて新潮社刊）などがある。

第80号

2025年 冬

「午後3時のものがたり」

前号を読む

一文に出会う

影山知明

「おやつは、誰かと一緒に分け合って食べるほうがおいしい」

本を読むとき、この一文とめぐり会うために、その本を開いたのだと思うことがある。その本が全体としてもたらしてくれる情報や物語を超越して。

「おやつどき」の文中に現われた先の一文に、ぼくの情感は時空を超えて広がる。娘が小さかった頃、駅のホームのベンチで一緒に食べた肉まん、おいしかったな。ぼくの経営するお店でも、そんな光景が見られたらいいな。

分け合うことでいっそうおいしくなるのは、分け合ったその相手も幸せそうなときだ。

「時間には、それぞれ特有の記憶が宿っているのだと思う」は、「三時の魔法とアホな鳥」の一文だけれど、午後三時という時間が特別なのは、それがおやつの時間である分だけ、そしてそれを誰かと分け合った経験がある分だけ、おいしく幸せだった感覚が呼び起こされるからだろう。

同じことはきっと空間にも言える。喫茶店には、誰かと分け合って食べたおやつの記憶が宿っている。自分以外の誰かのものも含めれば、無数に。後から訪れる人は、その情感の泉にそれとなく身を浸すことができる。

午後三時の喫茶店は、そのおいしさと幸せさにおいて、最強なのだ。

第73号

2023年 春

「ヨシタケシンスケと
気になるものたち」

第76号

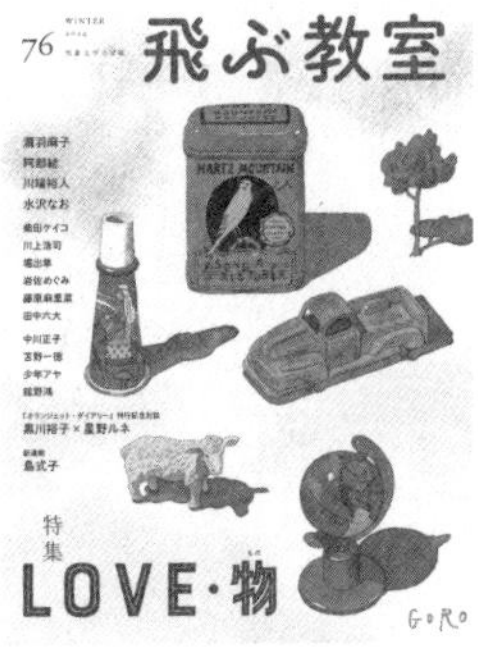

2024年 冬

「LOVE・物」

第79号

2024年 秋

「子どもの、ミステリー。」

第72号

2023年 冬

「幼年童話」

第75号

2023年 秋

「図書館！ 図書室！」

第78号

2024年 夏

「海でわははは」

第71号

2022年 秋

「前編・後編のお話
──後編」

第74号

2023年 夏

「10編の超短編」

第77号

2024年 春

「ぞろぞろ わさわさ
オノマトペ」

お近くの書店、またはFujisan.co.jpで定期購読をお申込みいただけます。
ここに掲載した以外のバックナンバーもございます。
バックナンバーをご希望の方は、書店、
または弊社ホームページへどうぞ。

絵・うちむらたかし

次号予告

82

SUMMER 2025

特集
ふしぎで、うつくしくて、こわい

うつくしさの中に漂う不穏な気配、
どこかへ迷い込むふしぎな感覚……。
次号は、「ふしぎ」で「うつくしい」を切り口とした、ホラー特集です。

7月25日発売予定です。ご期待ください。
「飛ぶ教室」は、年4回(1・4・7・10月)発売予定です。

飛ぶ教室

第81号(2025年 春) 2025年4月25日発行

編集人 飛ぶ教室編集部
発行人 吉田直樹
印刷人 加藤文男
印刷所 株式会社加藤文明社
発行所 光村図書出版株式会社
〒141-8675 東京都品川区上大崎2-19-9
Tel 03-3493-2111(代表)
Tel 03-3493-2459(編集)
Tel 03-3493-2505(販売)
Fax 03-6721-6884
E-mail tobu-k@mitsumura-tosho.co.jp

●ご意見、ご要望をお寄せください。

ISBN978-4-8138-0669-1

編集後記

宿題としての日記は好きじゃなかった。小4の時、ふと「まめ日記」という形をひらめいた。出来事や今感じたことを短く三つ書く形。書いていて楽しい。大発見だ！と、日記が好きになった。ある日、先生から「まめ日記って、何でしょうね？」と赤字が入る。気持ちが急にしぼんだ。今回の特集はその時の私に渡してあげたい。(H)

「日記ってなんだろう」から始めた今号は、記録する、記録されることのおもしろさがぎゅっと詰まった特集になりました。授業中にノートの端に書いたやりきれない気持ち、手帳に残した夕食のメニュー、通勤中にスマホにメモした自分への励まし、日々の小さな心の動きが残ったもの、それはぜんぶ日記なのかもしれません。(N)